Thomas Skipwith

# Die packende betriebsinterne Präsentation

Für meine Eltern

Mein besonderer Dank gilt Jörg Blömeling, Fritz Grob, Diana Jeger und Michael Scharenberg.

Thomas Skipwith

# Die packende betriebsinterne Präsentation

Grundlagen der Rhetorik und Präsentationstechnik für Führungskräfte und solche, die es werden wollen. Zahlreiche Übungen und Checklisten.

**Bibliografische Information der Deutschen Nationalbibliothek**
Die Deutsche Nationalbibliothek verzeichnet diese Publikation in der Deutschen Nationalbibliografie; detaillierte bibliografische Daten sind im Internet über http://dnb.d-nb.de abrufbar.

3., unveränderte Auflage 2012

www.descubris.com



Umschlagsgestaltung: Diana Jeger, Nürnberg
Herstellung: POD, Amazon
Verlag: Verlag DESCUBRIS, DESCUBRIS GmbH
Printed in Germany

ISBN: 978-3-9523928-1-2

# Übersicht

# Inhaltsverzeichnis

# Vorwort

„Fünf Minuten vor dem richtigen Publikum können mehr bewirken als ein volles Jahr Arbeit hinter dem Schreibtisch."[1]

Viele stimmen diesem Zitat intuitiv zu. Denn gute Präsentationen machen oft den Unterschied zwischen Top oder Flop. Sie machen den Unterschied, ob Sie den Auftrag erhalten, die Beförderung kriegen, die Mitarbeiter motivieren - oder eben nicht.

Gute Präsentationen führen zu einer besseren Rentabilität, einem höheren betrieblichen Leistungspotenzial, einer effektiveren strategischen Planung und zu einem größeren Mehrwert.

Leider nehmen viele Führungskräfte und Mitarbeiter die Chancen nicht wahr, welche sie mit einer Präsentation haben. Und viele, die doch vor Publikum auftreten (müssen), sind schlecht vorbereitet, langweilen das Publikum und wissen schlicht nicht, wie sie das Publikum für sich und ihren Standpunkt gewinnen können.

Gerade firmeninterne Präsentationen sind vielfach sterbenslangweilig. Ganz nach der Volksweisheit: „Lieber eine Stunde Präsentation als überhaupt keinen Schlaf." Als ehemaliger Unternehmensberater habe ich das zur Genüge miterlebt. Doch das muss nicht sein. Ich bin der Meinung, das darf nicht sein!

Gute Präsentationen zu halten kann man lernen: Nicht das Talent ist entscheidend, sondern das Wissen und das Trainieren.

Mit diesem Buch gebe ich Ihnen bewährte Techniken in die Hand, welche ich persönlich ausprobiert habe. Dieses Buch ist vollgepackt mit Tipps und Tricks, umfassenden Checklisten und konkreten Übungen.

---

[1] Granville N. Toogood, Experte für Führungskommunikation

Dieses Buch ist zum Arbeiten gedacht, es ist keine Feierabend- oder Strandlektüre. Es ist vor allem ein Ideengeber und ein Nachschlagewerk. Lesen Sie das Buch nicht in einem Zug von der ersten bis zur letzten Seite. Nein, lesen Sie die Passagen, welche Sie gerade brauchen. Nehmen Sie die Tipps und Techniken und wenden Sie sie an. Sie werden sehen: Sie werden sich verbessern. Und Langeweile ist Schnee von gestern.

Ein Buch ersetzt kein Training. Es ist eine Ergänzung. Damit Sie die Tipps und Techniken live erleben und üben können, empfehle ich Ihnen den Besuch eines meiner Trainings.

Ich wünsche Ihnen viel Erfolg bei Ihren zukünftigen Präsentationen, innerhalb oder außerhalb Ihres Betriebs.

Thomas Skipwith
Zürich, April 2008

# 1 Nur gute Präsentationen überzeugen

Gute Präsentationen sind eine wichtige Voraussetzung für alle, die überzeugen wollen.

Es spielt keine Rolle um wen es sich handelt: Derjenige[2], der fähig ist, seine Gedanken klar zu formulieren, ist glaubwürdiger und erfolgreicher als einer, der rumdruckst. Dies gilt genauso für Politiker und Unternehmer wie für Privatpersonen. Sie alle stehen und fallen, gewinnen und verlieren mit dem, was sie sagen. Denken Sie ebenso an Ihre familiären, freundschaftlichen und geschäftlichen Beziehungen. Diese haben Bestand oder sind nur von kurzer Dauer, in Abhängigkeit davon, was Sie sagen und wie Sie es sagen. Egal, in welcher Industrie oder auf welcher hierarchischen Ebene, fast alle Berufsleute sehen sich damit konfrontiert, dass Präsentieren ein Teil ihrer Aufgabe ist. Im Speziellen kommen sie nicht um betriebsinterne Präsentationen herum.

Es ist ganz normal, bei einer Rede nervös zu sein oder sich nicht wohl zu fühlen. Trotzdem lohnt es sich zu lernen, wie man sich gut ausdrückt. Sie können dadurch große Dinge erreichen. Personen, welche sich gut auszudrücken wissen, können andere überzeugen und motivieren.

Genauso, wie jemand Auto fahren, schwimmen oder Klavier spielen lernen kann, kann er lernen, eine gute Rede zu halten. Es braucht nur den Willen, sich selbst verbessern zu wollen.

---

[2] Aus Gründen der Verständlichkeit wird in diesem Buch nur die männliche Form verwendet. Ich vertraue darauf, dass meine weiblichen Leserinnen damit einverstanden sind.

## 2 Wo stehe ich als Redner?

Die folgenden Fragen helfen Ihnen, sich selber in Ihrer Redegewandtheit einzuschätzen. Prüfen Sie sich regelmäßig! Von allen Aspekten mit Verbesserungspotenzial empfehle ich Ihnen, nur einen auszuwählen. Arbeiten Sie nur an diesem einen Aspekt, bis er sitzt. Dann arbeiten Sie am nächsten Aspekt. Dadurch wird sich ein Erfolgserlebnis nach dem anderen einstellen.

| | Immer | Meistens | Selten |
|---|---|---|---|
| Fühle ich mich wohl, wenn ich mit anderen Personen rede? | | | |
| Fällt es mir leicht, meine Ansichten und meinen Standpunkt zu erklären bzw. zu vertreten? | | | |
| Verstehen die anderen, was ich meine? | | | |
| Spreche ich klar und deutlich? | | | |
| Unterlasse ich Füllwörter wie „Äh“, „hm“, „eigentlich“ oder dergleichen? | | | |
| Unterlasse ich es, mit dem Zeichenstift, mit dem Kleingeld in meiner Hosentasche oder mit bestimmten Teilen meiner Kleidung zu spielen? | | | |
| Überlege ich mir beim Vorbereiten einer Rede, welches die Interessen und Bedürfnisse meines Publikums sind? | | | |
| Plane ich meine Reden mit einem ganz bestimm- | | | |

| | Immer | Meistens | Selten |
|---|---|---|---|
| ten Ziel und mit einer ganz bestimmten Absicht? | | | |
| Finde ich mit Leichtigkeit geeignete Themen für meine Präsentationen? | | | |
| Habe ich eine entspannte, jedoch standfeste Haltung? | | | |
| Erscheine ich bei meinen Reden authentisch? | | | |
| Fange ich jeweils mit einem packenden Einstieg an? | | | |
| Übe ich meinen ersten Satz mehrmals? | | | |
| Übe ich meinen letzten Satz mehrmals? | | | |
| Weiß ich, was ich mit meinen Händen tun soll? | | | |
| Unterlasse ich es, mit meinen Fingern an meinem Hals zu zupfen? | | | |
| Setze ich meine Mimik ein? | | | |
| Halte ich mit meinen Zuschauern Blickkontakt? | | | |
| Höre ich anderen genau und geduldig zu? | | | |
| Fühle ich mich wohl, wenn ich Feedback erhalte? | | | |
| Gebe ich Feedback, so dass sich andere nicht angegriffen fühlen, sondern es als eine positive Erfahrung empfinden? | | | |

Abbildung 1: Redegewandtheit einschätzen

# 3 Inhaltliche Vorbereitung

Eine gute Vorbereitung ist die halbe Miete. Und es ist das Mindeste, was Sie für Ihr Publikum tun können. Howard Hendricks[3] soll es so formuliert haben: „Wenn Sie während einer Stunde vor 100 Personen sprechen und deren Zeit vergeuden, weil Sie unvorbereitet sind, dann haben Sie nicht eine Stunde vergeudet, sondern 100 Stunden." 100 Stunden multipliziert mit einem Stundensatz von EUR 100.- ergeben Kosten von EUR 10'000.-. Ein teures Unterfangen. Nehmen Sie sich deshalb die nötige Zeit für eine gute Vorbereitung!

Dieses Kapitel geht auf die inhaltliche, das nächste auf die organisatorische Vorbereitung ein.

## *3.1 Ziel der Rede*

„Wenn Du nicht weißt, wohin Du willst, dann weißt Du auch nicht, wie weit Du schon bist." So heißt eine Volksweisheit. Aus diesem Grund lohnt es sich, die folgenden Fragen zu stellen:

- ❑ Was will ich mit meiner Präsentation erreichen? Was ist mein Ziel?
- ❑ Was ist meine Hauptbotschaft (auch als Kernbotschaft bekannt)?
- ❑ Aus welchem Grund halte ich die Rede?

Die Antworten auf diese drei Fragen klären den Grund für die Präsentation und helfen zu entscheiden, welcher Inhalt in die Präsentation gehört.

🎬 Tipp: Beschränken Sie sich auf eine Hauptbotschaft pro Auftritt.

---

[3] Paul B. Evans, Speaking Success Letter, 2006.

## 3.2 Analyse der Zielgruppe

Ich rate Ihnen dringend sich zu überlegen, wer Ihre Zuhörer sein werden und welche Erwartungen sie haben. Stellen Sie sich eine Rede vor einer Trauergesellschaft oder an einer politischen Versammlung vor: Die Erwartungen könnten unterschiedlicher nicht sein. Was für die einen interessant ist, ist für die anderen unerheblich. Also müssen Sie Ihre Rede an die Zielgruppe anpassen. Genauso ist es im Unternehmen: Es ist ein Unterschied, ob Sie vor dem Verwaltungsrat oder einer Gruppe Auszubildender präsentieren.

Die Beantwortung der folgenden Fragen wird Ihnen helfen, eine passende Rede vorzubereiten und zu halten.

- [ ] Wer sind die Zuhörer?
    - Altersstruktur
    - Anteil Männer / Frauen
    - Religion
    - Bildungsniveau
    - Berufskategorie
    - Branche / Industrie
    - Organisation, Abteilung, Verein, Firma, Klub, politische Partei
    - Ausbildung
    - Herkunft / Nationalität
    - Sprachgebrauch
    - Sprachkenntnisse
    - Soziale Schicht
    - Vorverständnis / Vorkenntnis
    - Fachkenntnisse / Wissensstand
    - Position
    - Erfahrung

- ❑ Wie viele Zuhörer werden teilnehmen?
- ❑ Welche Einstellung haben die Zuhörer?
  - Erwartungen
  - Meinungen
  - Motive
  - Ansichten
  - Vorurteile
- ❑ Sind die Zuhörer freiwillig dabei?
- ❑ Was interessiert die Zuhörer?
- ❑ Was interessiert sie nicht?
- ❑ Was ist den Zuhörern wichtig?
- ❑ Was ist ihnen gleichgültig?
- ❑ Was wollen sie hören? Was nicht?

### *3.2.1 Beispiel: Was will das Publikum nicht hören?*

Eine Freundin hat geheiratet. Ich will meinen Teil zur Freude des Tages beitragen und halte eine Rede. Ich habe sanft ein paar Geschichten angedeutet, welche aus der nicht so braven Vergangenheit der Braut stammen. Ein großer Fehler. Selbst die eigene Familie hatte keine Ahnung, was ihre Tochter gemacht haben könnte. Ein Reinfall.

Was ist die Moral von der Geschichte? Ich werde in Zukunft eine Rede mindestens mit einer der Braut nahestehenden Person überprüfen.

Den Inhalt auf das Zielpublikum abzustimmen, ist selbstverständlich auch für firmeninterne Präsentationen genauso wichtig. Ich empfehle, den Inhalt je nach Situation mit einem Arbeitskollegen oder dem Chef abzusprechen.

## *3.3 Redezeit*

Wenn Sie nicht Fidel Castro heißen - er soll einmal eine Rede gehalten haben, welche mehr als 24 Stunden gedauert hat -, dann ist Ihre Zeit für die Präsentation Ihrer Ideen beschränkt. In angelsächsischen Ländern ist es an Kongressen sogar üblich, dass ein Redner kurz vor dem Ablauf der Rede, wie bei einer Verkehrsampel, erst ein grünes, dann eine gelbes und zum Schluss ein rotes Licht gezeigt bekommt. Bei Rot ist die Zeit abgelaufen. So wird es heute noch bei den weltweit mehr als 11'000 Toastmasters Clubs gemacht.

Wenn ein Redner die Zeit einhält, spricht das für seine gute Vorbereitung. Es zeigt darüber hinaus seine Rücksichtnahme auf die Zuhörer und den Nachredner. Derjenige, der die vorgegebene Zeit überschreitet, macht oft nicht nur sich selbst, sondern auch das Publikum und den Nachredner nervös. Das Publikum wird nervös, weil es in die nächste Sitzung muss. Der Nachredner wird nervös, weil seine Redezeit um das gekürzt wird, was Sie überzogen haben.

Ihre Vorbereitung soll Ihnen zu präsentieren erlauben, selbst wenn die zur Verfügung stehende Zeit verkürzt oder verlängert wird. Jemand, der sich mit einer Mind Map vorbereitet hat (siehe Kapitel 7.5 Mind-Map-Methode auf Seite 85), ist besonders gut in der Lage, die Zeit im Griff zu behalten: Hat er viel Zeit, kann er jeden einzelnen Ast und Nebenast im Detail erklären; hat er wenig Zeit, erklärt er nur die Hauptäste. Die Mind-Map-Methode ist ideal, um am Schluss eine ganzheitliche Präsentation gehalten zu haben.

## *3.4 Vorbereitungszeit*

Eine Rede von fünf Minuten braucht sicherlich weniger Vorbereitung als eine Präsentation von einer Stunde. Unterschätzen Sie aber die kurzen Reden nicht.

Tipp: Für jede Minute, die Sie sprechen, sollten Sie mit einer Stunde Vorbereitung rechnen.

Diese Aussage von Mark Twain kann ich nur bestätigen.

## *3.5 Inhaltsmenge*

Die Redezeit gibt vor, wie viel Stoff Sie in Ihr Referat einbauen sollen. Denn Sie haben selten für alles genügend Zeit. Die Zeitbeschränkung kann Sie sogar dazu zwingen, sich auf einen einzigen Punkt zu konzentrieren.

Tipp: Weniger ist mehr. Lieber drei Punkte ausführlich als 20 Punkte kurz angerissen. An 20 Punkte wird sich niemand mehr erinnern können. An drei ausführlich behandelte schon viel eher.

Beispiel: Sie sind Finanzchef in einem mittleren Unternehmen. Sie sollen das Jahresergebnis präsentieren. Sie können unmöglich alle Zahlen vorlegen. Treffen Sie eine Auswahl.

Tipp: Machen Sie den 50-Prozent-Test. Was würden Sie erzählen, wenn Sie nur die Hälfte der Redezeit zur Verfügung hätten? Die Beantwortung dieser Frage hilft Ihnen, die Rede aufs Wesentliche zu reduzieren.

Außerdem soll es Leute geben, die nicht unglücklich sind, wenn ein Finanzbericht kürzer als angesagt dauert.

## *3.6 Begrüßung des Publikums*

Es gibt zwei Varianten, um das Publikum zu begrüßen.

1. Sie begrüßen zuerst, gehen dann zur Einleitung über.
2. Sie machen eine Einleitung, begrüßen erst danach.

Und dann gibt es die Variante das Publikum gar nicht zu begrüßen.

| Variante 1: Begrüßung zuerst | Variante 2: Begrüßung später | Variante 3: Keine Begrüßung |
|---|---|---|
| Sehr geehrte Damen und Herren, sehr geehrte Kolleginnen und Kollegen. Fünf Jahre ist es her. Mein letzter Besuch. Ich erinnere mich noch genau. Wir sprachen über das Thema firmeninterne Kommunikation. | Fünf Jahre ist es her. Mein letzter Besuch. Eine außergewöhnliche Sache. Sehr geehrte Damen und Herren, sehr geehrte Kolleginnen und Kollegen. Wir sprachen über das Thema firmeninterne Kommunikation. | Fünf Jahre ist es her. Mein letzter Besuch. Eine außergewöhnliche Sache. Wir sprachen über das Thema firmeninterne Kommunikation. |

Abbildung 2: Beispiel: Begrüßung

These: Wenn das Publikum vor 1960 geboren wurde, ist es von Vorteil, mit einer herkömmlichen Begrüßung zu beginnen (Variante 1). Wenn das Publikum nach 1960 geboren wurde, dann sollten Sie Variante 2 oder 3 ausprobieren.

Begründung: Die nach 1960 Geborenen sind von der heutigen Werbung gewohnt, gleich ins Wasser geworfen zu werden. In der Werbung gibt es nur noch selten einen sachten Einstieg. Alles mit dem Ziel, das Wegzappen zu verhindern.

Bei gemischtem Publikum orientieren Sie sich am besten an den Meinungsführern bzw. an der Gruppe, an der Sie sich am stärksten ausrichten wollen.

🎬 Tipp: Machen Sie es anders als die anderen. Halten Sie die Augen und Ohren offen. Die Gewohnheiten sind nach Firma und Kultur unterschiedlich und verändern sich im Laufe der Zeit. Was jetzt in Mode ist, gehört nächstes Jahr möglicherweise bereits zum alten Eisen.

Beispiel: Eine publikumsgerechte und deshalb gelungene Begrüßung habe ich an einer Veranstaltung in Zürich erlebt. Der Redner hat alle Anwesenden einzeln begrüßt: „Sehr geehrte Frau Bundesrätin, sehr geehrter Herr Stiftungsrat, sehr geehrte Professoren, sehr geehrte Würdenträger und sehr geehrte Träger der *eigenen* Würde …" Der letzte Teil „Träger der eigenen Würde" kam unerwartet und hat sehr zur Erheiterung des älteren Publikums (Durchschnitt ca. 60 Jahre) beigetragen.

## *3.7 Requisiten*

Nutzen Sie, falls möglich, Requisiten. Sie werden:

- ❑ Ihnen als Gedankenstütze dienen;
- ❑ die Erklärung schwieriger Konzepte vereinfachen;
- ❑ den Vortrag veranschaulichen;
- ❑ den Vortrag unvergesslich machen.

Für Requisiten gibt es unzählige Beispiele:

- ❑ das von Ihnen besprochene Produkt, wie z.B. einen Bohrer, eine grüne Flüssigkeit, eine Medikamentenpackung, Nahrungsmittel
- ❑ ein Modell (z.B. eines Gehirns)
- ❑ Kleidung(-sstücke)
- ❑ Ball
- ❑ Buch
- ❑ Geldscheine, Münzen
- ❑ Telefon
- ❑ Tasche
- ❑ Pflanzen
- ❑ Bilder

## *3.8 Moderator*

Je bedeutender der Anlass, desto eher werden Sie von einem Vorredner oder einem Moderator dem Publikum angekündigt. Eine derartige Ankündigung sollten Sie nicht dem Zufall überlassen. Geben Sie dem Moderator schriftlich vor, wie Sie gerne dem Publikum vorgestellt werden möchten. Idealerweise schicken Sie ihm den Text mehrere Tage vor der Präsentation. Auf diese Weise kann sich der Moderator mit dem Text vertraut machen. Im besten Fall ist er froh, die Vorstellung nicht selbst vorbereiten zu müssen, und ist dankbar, dass Sie ihn bei seiner Aufgabe unterstützen. Wollen Sie es perfekt machen, dann bringen Sie die Einleitung zusätzlich noch schriftlich ausgedruckt mit. Falls der Moderator den Text auf seinem Schreibtisch vergessen hat oder kurzfristig durch eine andere Person ersetzt wurde sind Sie auf diese Weise trotzdem auf der sicheren Seite. Versuchen Sie, den Moderator vor der Rede persönlich kennenzulernen, damit er Sie nicht nur vom Papier her kennt. Außerdem sollten Sie ihn dahingehend informieren, wie Ihr Familienname ausgesprochen wird. Sobald der Moderator nämlich den Namen noch nie gehört hat, ist die Chance groß, dass er ihn falsch ausspricht.

Beispiel: In meinem Fall höre ich oft „Skipworth, Skipwitsch, Spikvic" statt „Skipwith". Ich helfe mit einer Eselsbrücke nach: „Skip" heißt im Englischen „springen", „with" heißt im Englischen „mit". Also: spring mit – Skipwith.

Ihre Ankündigung enthält von Vorteil die folgenden Punkte:

- ❑ Weshalb wird dieses Thema angesprochen?
- ❑ Weshalb sprechen gerade Sie über dieses Thema? Welches ist Ihre Legitimation, um über dieses Thema zu sprechen?
- ❑ Wieso wird dieses Thema gerade vor diesem Publikum behandelt?
- ❑ Weshalb wurde dieses Datum gewählt?
- ❑ Den Titel der Präsentation
- ❑ Ihren Namen

Der Abschluss der Ankündigung führt über zu Ihrer Rede.

Wenn Sie der Moderator sind, können Sie natürlich die obigen Punkte ebenfalls nutzen. Zusätzlich können Sie von sich aus auf die Referenten zugehen und diese dazu auffordern, Ihnen eine Einleitung per E-Mail zu schicken. Dadurch sparen Sie Zeit und Arbeit und Sie sagen das, was der Referent hören möchte. Dadurch tragen Sie dazu bei, dass sich der Referent wohl fühlt.

## *3.9 Proben*

Wenn Sie ein Buch über Fitness lesen, sind Sie noch lange nicht fit. Genauso ist es mit diesem Buch über Rhetorik und Präsentationstechnik. Lesen alleine genügt nicht. Gerade in Unternehmen machen viele den Fehler zu glauben, sie seien nach der Vorbereitung der Folien gut genug vorbereitet. Diesem Irrglauben will ich an dieser Stelle vehement widersprechen: „Wenn Sie mit dem Erstellen der Folien fertig sind, haben Sie gerade mal 50 - 70 Prozent der Vorbereitung geleistet – mehr nicht." Entsprechendes gilt, wenn Sie ohne Folien präsentieren.

Sie müssen Ihre Präsentation proben. Sie kommen nicht umhin, über die Lippen zu bringen, was Sie vorbereitet haben. Denn die Vorbereitung darf nicht nur eine Denke, sondern muss eine Rede sein.

### *3.9.1 Anfang und Schluss*

Die wichtigsten Teile einer Präsentation sind der Anfang[4] und der Schluss. Der Anfang entscheidet über den ersten und der Schluss über den letzten Eindruck. Üben Sie diese beiden Teile deshalb öfter als den Rest der Präsentation. Ein guter Anfang ist außerdem nützlich, weil Sie dadurch Sicherheit gewinnen und den Rest der Präsentation lockerer bestreiten können. Beim Schlussteil geht es darum, einen bleibenden Eindruck zu hinterlassen. In vielen Fällen bedeutet das, eine Zusammen-

---

[4] Für einen guten Redeeinstieg siehe Kapitel 5.7 Ideen für den Redeeinstieg auf Seite 56.

fassung zu machen und die Zuhörer zu einer konkreten Handlung aufzufordern.

Bei Präsentationen stelle ich oft fest: Nicht einmal der erste Satz sitzt.[5] Geschweige denn die schwierigen Stellen oder der Schluss.
Vermeiden Sie es, zu denjenigen zu gehören, welche keinen Abschluss finden. Machen Sie sich deshalb ausdrücklich Gedanken zum letzten Satz.

Der Anfang und der Schluss sollten immer frei und mit vollem Blickkontakt zum Publikum gehalten werden. [6]

### *3.9.2 Übung: Anfang und Schluss*

Diese Übung dauert nur fünf bis zehn Minuten. Nehmen Sie sich diese Zeit. Es lohnt sich!

1. Nehmen Sie Ihre nächste Präsentation zur Hand.
2. Stehen Sie auf. Noch besser: Sie gehen in den Raum, in welchem Sie die Präsentation halten werden.
3. Tragen Sie die ersten zwei Minuten Ihrer Präsentation zehn Mal laut vor (inklusive Begrüßung).
4. Tragen Sie den letzten Satz Ihrer Präsentation zehn Mal laut vor.
5. Viel Spaß!
6. Wiederholen Sie dieses Vorgehen, so oft Sie wollen.

---

[5] In dieser Situation ist das erste Wort dann oft: „Äh“, „Also.“ oder „Gut.“

[6] Diese Szene erlebe ich oft: Ein Redner kommt nach vorne. Er schaut in die Notizen. Mit dem Blick in den Notizen sagt er: „Sehr geehrte Damen und Herren, ich freue mich, hier zu sein.“ Dann erst schaut er ins Publikum. Ohne Blickkontakt kommt die Freude nicht rüber. Ein absoluter Reinfall.

### *3.9.3 Fallstudie: Klavierspielen*

Als kleiner Junge wollte ich Klavierspielen lernen. Sieben Jahre lang besuchte ich dieselbe Lehrerin. Eine ganze Stunde pro Woche. Danach habe ich die Schule gewechselt. Der neue Lehrer hieß Herr Kolar. Er war aus Ungarn. Bei ihm dauerte der Unterricht nur 30 Minuten pro Woche. Also halb so lang wie bei der ersten Lehrerin. Doch der neue Lehrer hat mir etwas Entscheidendes beigebracht. „Übe in erster Linie die Stellen, welche Dir Schwierigkeiten bereiten. Und seien es nur zwei Töne. Spiele sie so lange, bis Du sie im Griff hast. Dann nimmst Du einen weiteren Ton dazu. Dann einen weiteren Ton und so weiter. Bis Du die Stelle ohne Probleme spielen kannst.“ Davor hatte ich, kaum war ich an einer schwierigen Stelle angelangt, immer wieder von vorne begonnen, so dass ich nur den Anfang im Griff hatte.

Genauso ist es beim Präsentieren. Üben Sie die wichtigsten Stellen häufiger als den Rest der Präsentation. Besonders wichtig sind der Anfang und der Schluss.

## *3.10 Applaus*

Haben Sie schon mal eine Präsentation gehalten, und am Schluss herrschte betretenes Schweigen? Die Zuhörer sind entweder eingeschlafen oder haben das Ende der Präsentation nicht bemerkt? Das ist jedes Mal sehr peinlich. Die Peinlichkeit ist dann besonders schlimm, wenn Sie der Chef sind.

Es gibt drei Wege, wie Sie diese Situation verhindern können.

1. Sie sind so gut, dass jeder merkt, wann Ihre Präsentation zu Ende ist. Die Zuschauer sind begeistert. Sie fangen automatisch an zu klatschen.
2. Nicken Sie mit dem Kopf, um dem Publikum zu signalisieren: Ich bin fertig.

3. Sie organisieren sich einen Claqueur. Ein Claqueur war ursprünglich eine Person, die bei einem Theaterstück oder einer anderen öffentlichen Aufführung bezahlten Applaus lieferte. Zweck des Claqueurs ist, das Publikum zum Applaudieren zu bewegen.

🎬 Tipp: Übertragen Sie die Aufgabe des Claqueurs dem Moderator oder jemandem, der eingeweiht ist.

## *3.11 Sich bedanken*

Viele Redner haben die Gewohnheit, sich am Schluss einer Rede zu bedanken. Ich finde das falsch. Ich bin der Meinung, das Publikum sollte sich bei Ihnen bedanken.

🎬 Tipp: Sprechen Sie Ihren letzten Satz. Machen Sie einen Schritt zurück. Nachdem der Applaus eingesetzt hat, bedanken Sie sich für den Applaus.

# 4 Organisatorische Vorbereitung

## *4.1 Einladung der Zuhörer*

Die Zuhörer sollen auf Ihre Ausführungen gespannt sein. Die Spannung beginnt bereits mit der Einladung. Stellen Sie sicher, dass die Zuhörer wissen, wo und wann, wie lange, je nach Anlass mit wem, mit welchem Referenten, zu welchem Thema das Referat stattfinden wird. Es hat sich bewährt, die Zuhörer zweimal anzuschreiben: Einmal längere Zeit vor dem Referat, ein zweites Mal zwei bis drei Tage davor. Damit erhöhen Sie die Teilnehmerzahl. Außerdem hat sich so Ihre Vorbereitung stärker gelohnt. Denn wer will schon vor leeren Rängen sprechen?

## *4.2 Tageszeit*

Achten Sie auf die Tageszeit Ihres Auftritts. Je fitter und damit aufnahmefähiger Ihr Publikum ist, desto besser. Vermeiden Sie die Zeit unmittelbar nach dem Essen und Freitag nachmittags. Nach dem Essen ist das Blut der Zuhörer nicht im Gehirn, sondern im Bauch. Das macht sie müde. Vor dem Wochenende sind die Gedanken bereits im Wochenende und bei der Familie. In beiden Fällen hört Ihnen das Publikum nur schlecht zu.

🎬 Tipp: Beachten Sie die Leistungskurve der meisten Menschen. Die erste Leistungsspitze ist von 09:00 - 11:00 Uhr, die zweite von 14:30 - 16:30 Uhr. Legen Sie Ihre Präsentation wenn möglich in diese Zeiten. Setzen Sie sich mit dem Sitzungsleiter oder dem Moderator (siehe Kapitel 3.8 Moderator auf Seite 26) in Verbindung. Wählen Sie eine Tageszeit, welche Ihnen passt.

## *4.3 Kleidung*

Ihre Vortragsweise beeinflusst die Wirkung Ihres Vortrags wesentlich. Manche Autoren meinen sogar, der Inhalt trage nur zu sieben Prozent zur Gesamtwirkung bei. Entsprechend wichtig sind Ihr Auftritt, Ihr Erscheinungsbild und Ihre Kleidung.

Versuchen Sie, sich publikumsgerecht zu kleiden. Beispielsweise empfiehlt es sich (in den meisten Fällen), vor einer Gruppe von Bankern Anzug und Krawatte zu tragen. Bei einer politischen Veranstaltung der Grünen Partei hingegen versuche ich mich weniger „establishment"-gerecht zu kleiden.

Faustregel: Je besser Sie reden, desto schlechter können Sie sich anziehen.

Die folgende Matrix dient zur Veranschaulichung dieser Regel.

| | Schlechter Redner | Guter Redner |
|---|---|---|
| Schlecht angezogen | Hier wird es schwierig. Am besten Sie überlassen das Podium jemand anderem. | Je besser Sie als Redner sind, desto schlechter können Sie sich anziehen. |
| Gut angezogen | Das Publikum wird Ihnen aufgrund Ihres Aussehens eine große Portion Wohlwollen entgegenbringen. | Sie haben die Voraussetzungen zum gut bezahlten (Gast-) Redner geschaffen. |

Abbildung 3: Kleider machen Leute

🎬 Tipp: Ziehen Sie sich lieber ein bisschen zu gut als ein bisschen zu schlecht an. Sie werden sich wohler fühlen und einen besseren Eindruck hinterlassen.

Benutzen Sie außerdem Kleider, welche Sie bereits einmal getragen haben. Andernfalls besteht die Gefahr, dass Sie sich nicht wohl fühlen: Das Kleid ist zu eng, der Pulli juckt oder die Außentaschen des Jacketts sind noch zugenäht, sie wollten aber Ihre Stichwortzettel in die Taschen stecken.

## *4.4 Ort der Veranstaltung*

Sowohl der Redner wie auch die Zuhörer werden durch den Ort der Veranstaltung wesentlich beeinflusst. Wenn möglich, sollten Sie den Raum zuvor (am besten mehrere Tage vorher) inspizieren. Dies fällt leicht, wenn die Präsentation in einem firmeneigenen Sitzungsraum oder Auditorium stattfindet. Bei dieser Gelegenheit können Sie die folgenden Punkte abklären (Checkliste zum Kopieren in Kapitel 16.6 Räumlichkeiten auf Seite 157):

- ❑ Ist die Raumgröße adäquat? Brauchen Sie z.B. bei einem für die Teilnehmerzahl zu großen Raum Kordeln zum Absperren von Sitzreihen?
- ❑ Sauberkeit / Ordnung: Muss zuvor etwas gereinigt werden? Muss etwas umgestellt werden? Räumen Sie die Überbleibsel des Vorredners weg.
- ❑ Dekoration notwendig / gewünscht?
- ❑ Wie komme ich auf die Bühne?
- ❑ Sollten in der ersten Reihe Plätze für spezielle Gäste frei bleiben? Wenn ja, bringen Sie Reservier-Schilder an.

- ❑ Sitzordnung / Anordnung der Tische und Stühle: Möchten Sie Theaterbestuhlung, Tische, nichts?
- ❑ Anzahl Stühle: Braucht es eine Reserve?
- ❑ Garderobe: Gibt es eine? Ist sie bedient?
- ❑ Beleuchtungstechnik und deren Bedienung: Wo sind die Lichtschalter? Gibt es einen Dimmer?
- ❑ Jalousien und deren Bedienung: Wo sind die Schalter?
- ❑ Luft / Lüftung: Kann die Lüftung bei Bedarf von Ihnen bedient werden?
- ❑ Raumtemperatur (Funktionsweise der Klimaanlage): Wo ist der Temperaturregler?
- ❑ Lichtquellen: Gibt es Scheinwerfer? Können Sie etwas vom Publikum sehen? Kann das Publikum Sie sehen? Könnte die Sonne plötzlich durchs Fenster scheinen?
- ❑ Lärmquellen: Gibt es zur selben Zeit ein Konzert im Nebenraum?
- ❑ Akustik: Können die Zuschauer auf den hinteren Sitzen etwas hören?
- ❑ Zugang zum Ort der Veranstaltung: Braucht es zusätzliche Informationen für die Teilnehmer und das Empfangspersonal? Braucht es Wegweiser?
- ❑ Parkplätze: Stehen genügend Parkplätze zur Verfügung? Sind sie zahlungspflichtig? Einfach zu finden?
- ❑ Öffentlicher Verkehr
- ❑ Pausenverpflegung: Was, wo, wann?
- ❑ WC: Wo ist das WC? Braucht es eine Beschilderung?
- ❑ Mögliche Ablenkungen, wie Bilder, Poster, Aussicht: Können / müssen Sie etwas entfernen?
- ❑ Eigene Requisiten: Wo stelle ich sie hin? Sollen sie von Beginn an sichtbar sein oder nicht?
- ❑ Stromversorgung: Wo sind die Steckdosen und Verlängerungskabel?

- ❑ Technische Einrichtungen überprüfen: Laptop, Beamer, Fernsteuerung, Flip-Chart, Mikrofon usw.
- ❑ Ersatzlampen für Beamer, Hellraum- und Dia-Projektor
- ❑ Ansprechperson für die technische Infrastruktur, Telefonnummer und Erreichbarkeit

Gehen Sie vor jeder Präsentation die Checkliste in Kapitel 16.6 Räumlichkeiten auf Seite 157 durch.

## *4.5 Rednerpult*

Vermeiden Sie das Rednerpult. Es verleitet Sie dazu, von Ihren Notizen oder, noch schlimmer, von Ihrem Manuskript abzulesen. Das Rednerpult zwischen Ihnen und dem Publikum nimmt viel von Ihrer Energie weg. Es ist wie eine Wand zwischen Ihnen und Ihrem Zielpublikum. Außerdem neigen viele Redner dazu, sich am Rednerpult festzuhalten und deswegen die Gestik zu vergessen.

Damit Sie nicht wegen dem Mikrofon ans Rednerpult gebunden sind, verlangen Sie immer ein kabelloses Mikrofon zum Anstecken (siehe Kapitel 4.7.4 Mikrofon auf Seite 43). So können Sie sich frei auf der Bühne bewegen und mit dem Publikum voll in Kontakt treten.

### *4.5.1 Fallstudie: Quartalsbericht*

Einer meiner Einzel-Coaching-Kunden sollte vor 80 Personen seinen Quartalsbericht vortragen. Den Anlass hatte er, der Abteilungsleiter, folgendermaßen geplant: Vortragen einer ausführlichen PowerPoint-Präsentation, welche auch diejenigen Personen verständlich mit Informationen versorgen sollte, welche nicht an der Präsentation des Quartalsberichts teilnehmen konnten; Stehen hinter dem Rednerpult; Blick auf den vor ihm aufgebauten Laptop; Bedienen des Laptops von Hand.

Dabei aber gab es folgende Probleme:

1. Bei einer Besichtigung des Raums stellten wir fest, dass das Rednerpult in der Höhe nicht verstellbar war. Mein Kunde ist ca. 160 cm groß – wäre also hinter dem Rednerpult und dem aufgeklappten Laptop verschwunden.
2. Das Rednerpult war auf der linken Seite der Bühne platziert. Die Beleuchtung war nicht optimal. Mein Kunde hätte im Dunklen gestanden. Außerdem wäre der Abteilungsleiter dadurch kaum wahrgenommen worden.
3. Die PowerPoint-Präsentation war viel zu ausführlich. Es handelte sich um eine Dokumentation, die jeder für sich hätte lesen können.

Ich habe ihm folgende Verbesserungsvorschläge gemacht:

1. Das Rednerpult wurde zur Tabuzone erklärt. Ich habe meinen Klienten so lange auf der Bühne trainiert, bis er mit wenigen Stichwortzetteln frei reden konnte.
2. Die ersten drei Minuten und die letzten zwei Minuten haben wir so oft geübt, dass er sie auswendig und frei sprechen konnte.
3. Wir haben die PowerPoint-Präsentation drastisch gekürzt und die verbleibenden Folien nach dem KISS-Prinzip (siehe Kapitel 13.3.1 KISS-Prinzip auf Seite 134) überarbeitet.
4. Der Abteilungsleiter hat die Folien per Fernbedienung vorgeblättert.

Das Resultat war eine überzeugende und spritzige Präsentation vor versammelter Mannschaft.

## *4.6 Medieneinsatz*

Beim Präsentieren (siehe Kapitel 13 PowerPoint auf Seite 128) können die folgenden Medien zum Einsatz kommen:

- Beamer
- Flip-Chart
- Poster, Plakate usw. (mindestens Flip-Chart-Größe)
- Pinnwände
- Whiteboard/Wandtafel
- Dia-Projektor
- Videofilm
- Hellraumprojektor

Achten Sie beim Einsatz besonders auf die folgenden Punkte:

- Alle Teilnehmer haben freie Sicht auf die Inhalte. (Z.B.: Stehen Sie nicht im Lichtkegel des Beamers.)
- Halten Sie den Blickkontakt mit Zuschauern. Sprechen Sie nicht mit der Leinwand. Sie können das Publikum zwar mit dem Blick und einer Handbewegung zur Leinwand hinführen, drehen Sie sich aber wieder hin zum Publikum.
- Benutzte Abkürzungen sind dem Publikum bekannt oder werden erklärt und öfter wiederholt. Es ist besser, wenige Abkürzungen zu benutzen.
- Erläutern Sie dem Publikum, was Sie zeigen. Lesen Sie nicht nur ab.
- Bereiten Sie den Medieneinsatz gut vor.
- Überprüfen Sie jedes Medium vor der Präsentation auf dessen Funktionstüchtigkeit.
- Setzen Sie bei längeren Präsentationen mehrere Medien ein. Über den Daumen gepeilt: Pro halbe Stunde ein Medium.

## 4.7 Technische Infrastruktur

Die große Mehrheit der betriebsinternen Präsentationen wird mit Hilfe von Laptop und Beamer gehalten. Daneben gibt es aber auch noch weitere technische Hilfsmittel wie das Flip-Chart, den Hellraumprojektor oder die Pinnwand.

🎬 Tipp: Bringen Sie vor der Präsentation den Namen und die Telefonnummer des technischen Dienstes in Erfahrung. Stellen Sie sicher, dass diese Person am Tag Ihrer Präsentation Dienst hat! So haben Sie jemanden, den Sie bei technischen Problemen anrufen können.

Wenn Ihnen die Präsentation besonders wichtig ist, dann bringen Sie Ihre eigenen technischen Hilfsmittel mit. Z.B. die Fernsteuerung für den Einsatz Ihrer PowerPoint-Präsentation.

### 4.7.1 *Laptop, Beamer und PowerPoint*

Weil Laptop, Beamer und PowerPoint so wichtig und umfangreich sind, habe ich ihnen ein eigenes Kapitel (13 PowerPoint auf Seite 128) gewidmet.

### 4.7.2 *Flip-Chart*

Das Flip-Chart ist ein sehr beliebtes und nützliches Hilfsmittel. Sein Einsatz ist nur durch die Zahl der Teilnehmer limitiert. Sobald es zu viele Teilnehmer gibt (acht bis zehn Reihen bei Theaterbestuhlung), können nicht mehr alle sehen, was Sie auf das Flip-Chart schreiben. Da viele firmeninterne Präsentationen im kleinen Rahmen stattfinden, ist das Flip-Chart meistens einsetzbar.

Hier die wichtigsten Tipps zum Flip-Chart:

- So finden Sie Blätter wieder: Kleben Sie eine Post-it-Haftnotiz oder malen Sie mit einem farbigen Filzstift eine Markierung auf den Rand. Auf diese Weise blättern Sie zielsicher auf die Seite, welche Sie (nochmals) zeigen möchten.
- Trennblätter: Bereiten Sie Ihr Flip-Chart vor. Schreiben Sie erst ab Blatt 3. Die ersten beiden leeren Blätter decken den Inhalt von Blatt 3 ab. So bleibt Ihre Vorbereitung eine Überraschung. Andernfalls drückt der Inhalt meist durch.
- Inhalte abdecken: Schreiben Sie wie gewohnt den Text auf die Vorderseite eines Flip-Chart-Blatts. Nun befestigen Sie die Unterkante der Seite an der Oberkante mit Klebeband. Und schon ist das Geschriebene nicht mehr sichtbar.

  Tipp: Achten Sie beim Halbieren darauf, die Inhalte auf der folgenden Seite nicht preiszugeben. Beschreiben Sie erst die übernächste Seite.
- Stifte: Bringen Sie Ihre eigenen, funktionierenden Stifte mit. Kaufen Sie die dicksten Stifte, die Sie finden können.
- Vorbereitung: Sie können vor der Präsentation auf das Flip-Chart mit Bleistift Markierungen oder Zeichnungen machen. Diese Bleistift-Markierungen sind fürs Publikum unsichtbar. Sie können auf diese Weise mit Ihrem Gedächtnis und mit Ihren Zeichnungen glänzen.
- Vorbereitung: Sie können mit dem Hellraumprojektor oder dem Beamer ein Diagramm oder etwas anderes auf das Flip-Chart projizieren. Dann zeichnen Sie es (mit Bleistift oder Filzstift) nach. Tun Sie dies, bevor die Zuschauer eintreffen.
- Vorbereitete Blätter: Statt Folien einzusetzen, können Sie in einem Kopiershop Flip-Chart-große Blätter vordrucken lassen. Diese machen einen guten Eindruck, weil sie (bisher) nur von wenigen Red-

nern eingesetzt werden. Vermutlich scheuen viele die Kosten und den Transport.

- ❑ Schriftgröße: Schreiben Sie groß genug, damit auch die Personen in den hinteren Reihen etwas lesen können. Können Sie das Flip-Chart näher zum Publikum rücken?
- ❑ Lesbarkeit: Schreiben Sie lesbar.
- ❑ Farben: Schreiben Sie primär mit schwarz oder blau. Diese dunklen Farben können am besten gelesen werden. Setzen Sie die anderen Farben für Hervorhebungen ein.
- ❑ Übersichtlichkeit: Schreiben Sie nicht zu viel auf ein Flip-Chart-Blatt. Besser, Sie hängen das Blatt an die Pinnwand oder die Magnettafel und fahren auf einem weiteren Blatt fort.

  🎬 Tipp: Als Faustregel benutze ich maximal sieben Stichworte pro Blatt.
- ❑ Blickkontakt: Sprechen Sie nicht mit dem Flip-Chart. Es gilt dasselbe wie bei der Leinwand. Versuchen Sie, so viel Blickkontakt mit dem Publikum zu halten wie möglich.
- ❑ Layout: Überlegen Sie sich das Layout, bevor Sie anfangen. Beispiel: Sie wollen einen Würfel zeichnen und diesen mit Text beschriften.
- ❑ Blätter: Stellen Sie einen genügend großen Vorrat an Blättern sicher.
- ❑ Stellen Sie sicher, dass die hinteren Blätter nicht bereits von jemand anderem beschrieben sind. Weder auf der einen noch auf der anderen Seite. Ist die hintere Seite bereits beschrieben, drückt die Farbe durch. Die Lesbarkeit nimmt ab.
- ❑ Wesentliches: Genauso wie bei Folien sollten Sie nur das Wesentliche aufschreiben. Oft genügen einzelne Stichwörter, manchmal sogar einzelne Buchstaben.

### *4.7.3 Whiteboard / schwarze Tafel*

Weiße Tafeln (besser bekannt als Whiteboards) und schwarze Tafeln werden nur ganz selten eingesetzt. Falls Sie es tun, achten Sie darauf, dass Sie die richtigen Stifte dabei haben. Meist sind die Stifte ausgetrocknet und die Kreide ist nicht vorhanden. Es hilft auch, wenn Sie einen Wegwischschwamm dabei haben.

Die Stifte sollen mit der Spitze nach unten aufbewahrt werden. Dadurch gibt es in der Spitze immer genug Tinte.

Die meisten Tafeln sind magnetisch. Sie können daran Plakate, Flip-Chart-Blätter und Ähnliches aufhängen. Die Tafeln können so als Ergänzung oder Ersatz für Pinnwände dienen. Bringen Sie eigene Magnete mit.

### *4.7.4 Mikrofon*

Abhängig von Ihrer Stimmkraft, der Akustik des Raums und der Dauer der Präsentation werden Sie ab 40 Zuschauern den Einsatz eines Mikrofons prüfen müssen.

Wenn es irgendwie geht: Verlangen Sie ein Ansteckmikrofon oder eine Sprechgarnitur (Headset). Bestehen Sie darauf. Nur diese beiden Modelle geben Ihnen die Bewegungsfreiheit, welche Sie für den Einsatz Ihrer Gestik brauchen.

Beachten Sie die folgenden Tipps:

- ❑ Sprechgarnitur: Gibt Ihnen von allen die größte Bewegungsfreiheit. Das Mikrofon macht alle Kopfbewegungen mit. Es besteht keine Gefahr am Mikrofon vorbei zu reden.
- ❑ Ansteckmikrofon: Wird am Revers oder an der Krawatte befestigt. Testen Sie die Übertragung auch für den Fall, dass Sie den Kopf stark nach links und rechts bewegen. Für die Damen kann es ein bisschen

schwieriger sein, das Mikrofon zu befestigen. Überlegen Sie sich frühzeitig, wo Sie das Mikrofon und die Batterieeinheit anstecken wollen (das kleine Schwarze ist technisch ungeeignet). Achten Sie darauf das Ansteckmikrofon nicht am Revers, am Halstuch oder anderswo an der Kleidung zu reiben. Es entstehen sonst sehr unangenehme Geräusche.

- ❑ Handmikrofon: Hat den Nachteil immer eine Hand zu fesseln. Achten Sie darauf das Mikrofon immer vor Ihrem Mund zu halten. Andernfalls hört das Publikum nichts. Üben Sie das vor der Präsentation. (Das können Sie z.B. wunderbar mit einer Geschirrspülbürste machen. Drehen Sie die Bürste einfach auf den Kopf und tun Sie so, als wäre das nun Ihr Mikrofon.)
- ❑ Fixiertes Mikrofon (Rednerpult und am Ständer): Das Schlechteste, was Ihnen passieren kann, weil es Ihnen jegliche Bewegungsfreiheit nimmt. Stellen Sie sicher, dass das Mikrofon für Sie bequem eingestellt / einstellbar ist. Achten Sie darauf sich nicht vom Mikrofon zu entfernen. Schon das Drehen des Kopfs kann dazu führen, dass man Sie nicht mehr versteht. Prüfen Sie vor der Präsentation, wie die Einstellung geändert werden kann.
- ❑ Machen Sie einen Soundtest.
- ❑ Ein-/ausschalten: Testen Sie, wo das Mikrofon ein- und ausgeschaltet werden kann.
- ❑ Batterie: Stellen Sie sicher die Batterie des Mikrofons zu laden. Gibt es einen Ersatz?
- ❑ Kabel: Falls Sie ein Handmikrofon mit Kabel haben, müssen Sie darauf achten, dass weder Sie, noch der Moderator, noch mögliche Gäste darüber stolpern. Überlegen Sie, ob Sie das Kabel mit Klebestreifen am Boden befestigen können.

- ❑ Testen: Nehmen Sie sich ausreichend Zeit das Mikrofon zu testen, am besten schon am Vorabend.
- ❑ Testen: Sprechen Sie einfach die ersten Sätze Ihres Vortrags.
- ❑ Murmeln: Alles, was Sie sagen, wird um ein Vielfaches verstärkt dem Publikum zu Ohren gebracht. Unterlassen Sie Bemerkungen, welche Sie für sich behalten möchten.
- ❑ Husten und niesen: Husten oder niesen Sie nicht direkt ins Mikrofon, sondern wenden Sie den Kopf zur Seite, bzw. halten Sie die Hand über den Mikrofon-Kopf.
- ❑ Pausen: Solange Sie nicht zum Publikum sprechen, stellen Sie sicher, dass das Mikrofon ausgeschaltet ist.[7]
- ❑ Schluss: Vergessen Sie nicht, das Mikrofon abzugeben, bevor Sie aus dem Saal gehen.

### *4.7.5 Hellraumprojektor*

Der Hellraumprojektor hat in den meisten Firmen ausgedient. Allerdings dürfen wir ihn nicht ganz abschreiben. In all den Fällen, in denen Laptop und / oder Beamer versagen, kann er uns aus der Patsche helfen. Für diesen Fall sind folgende Punkte beachtenswert (einige sind auch für andere Medien relevant):

- ❑ Reservefolien: Nehmen Sie einen Vorrat Reservefolien mit.
- ❑ Folientaschen: Packen Sie die Folien in Folientaschen, so genannte „Flip Frames“, ein. Die Folientaschen sind transparent, schützen die Folien vor Verschmutzungen und haben einen breiten Papierrand

---

[7] Eine bekannte Episode stammt vom ehemaligen US-Präsidenten Ronald Reagan. Sie handelt zur Zeit des Kalten Krieges. Ronald Reagan hat kurz vor einem seiner Auftritte ins Mikrofon gesprochen: „Lasst uns den roten Knopf drücken.“ Diese Bemerkung wurde leider bereits über den Äther geschickt. Sie wurde von der damaligen Sowjetunion beinahe ernst genommen und hat fast einen Krieg ausgelöst.

zum Ausklappen. Sie vermeiden eine große, weiße, blendende Projektion an der Leinwand. Auf den Papierrand können beliebig Notizen geschrieben werden, ohne dass das Publikum davon etwas wahrnimmt.

🎬 Tipp: Achten Sie darauf die Folien richtig in die Folientaschen zu legen. Probieren Sie sie vorher aus.

- ❑ Schalter: Wo ist die Steckdose und wo ist der Ein-/ Ausschalter? Braucht es ein Verlängerungskabel?
- ❑ Aufstellung und Schärfeneinstellung: Legen Sie zum Test eine Folie auf und stellen Sie die Schärfe ein.

  🎬 Tipp: Markieren Sie den Standort des Hellraumprojektors am Boden mit Klebeband. Auf diese Weise wissen Sie immer, wo das Gerät zu stehen hat – selbst wenn es kurz vorher verschoben wurde.
- ❑ Lichtkegel: Der Lichtkegel muss auf die Leinwand passen. Die Projektion soll nicht trapezförmig sein (Keystone-Effekt), sondern rechteckig. Um die Schrägprojektion eines Hellraumprojektors auszugleichen, gibt es Leinwände, welche sich nach vorne kippen lassen.
- ❑ Helligkeit: Viele Projektoren sind nicht besonders lichtstark. Prüfen Sie deshalb im Voraus, wie Sie den Raum bei Bedarf abdunkeln können.
- ❑ Zeitverzögerung: In neueren Hellraumprojektoren sind Energiesparlampen installiert. Diese brauchen ca. 20 Sekunden, bis Sie etwas sehen - im Unterschied zu älteren Modellen, bei denen das Bild sofort angezeigt wird. Berücksichtigen Sie diesen Umstand. Denn manchmal kann es sich lohnen, das Publikum mit einem Bild oder Text zu überraschen. Das ist bei den Modellen mit Energiesparlampe schlecht möglich.
- ❑ Folienausrichtung: Sie legen die Folie so auf den Hellraumprojektor, dass Sie sie lesen können, wenn Sie das Publikum ansehen.

- ❑ Schriftgröße: Die Schriftgröße soll auch den Hintersten ermöglichen die Folie zu lesen. (Siehe Kapitel 13.3 Foliengestaltungsrichtlinien auf Seite 133.)
- ❑ Standort der Leinwand: Alle können die Leinwand sehen.[8]
- ❑ Zeigestift: Halten Sie bei Bedarf einen Zeigestift bereit. (Siehe Kapitel 12.1.4 Nervosität während der Rede - Zitternde Hände - auf Seite 116.)
- ❑ Abdecken: Falls Sie nicht alles auf einmal zeigen wollen, halten Sie ein leeres Blatt Papier bereit. (Es gibt Personen, welche sich bevormundet fühlen, wenn sie nicht alles auf einmal zu sehen bekommen. Andere wiederum argumentieren: Sie sollen nicht gleich von Beginn an den Hasen aus dem Hut ziehen. Entscheiden Sie selbst.

  🎬 Tipp: Mit PowerPoint entfällt dieses Problem. Ich habe noch nie jemanden kennen gelernt, der sich beklagt hat, die Punkte seien einzeln und nacheinander eingeblendet worden.
- ❑ Ersatzbirne: Prüfen Sie, ob die Ersatzbirne funktioniert. Dadurch wissen Sie auch gleich, wie Sie auf die Ersatzbirne umschalten können.
- ❑ Folienstifte: Falls Sie auf die Folien schreiben wollen, haben Sie mehrere Möglichkeiten: Sie schreiben auf die Folientasche (Flip Frame), nehmen eine separate Folie oder schreiben direkt auf die Folie.
- ❑ Von Hand auf den Hellraumprojektor schreiben: Bitte prüfen Sie vor dem Schreiben, ob eine Folie auf dem Hellraumprojektor liegt. Ver-

---

[8] An der Universität in Granada, Spanien, gibt es tatsächlich einen Vorlesungssaal für ca. 300 Studenten, welcher mittendrin eine Säule hat. Wohlgemerkt, es handelt sich nicht etwa um ein historisches, sondern um ein Gebäude aus den 70er Jahren. Offenbar kommt der folgende Spruch, den ich aus der Jugend kenne, nicht von ungefähr: „Na, hast Du in der Schule hinter der Säule gesessen?!"

meiden Sie es, direkt auf das Glas zu schreiben. Die Folienstifte sind üblicherweise wasserfest![9]

- ❑ Lichtkegel: Vermeiden Sie es, mit der Schulter den Lichtstrahl zu streifen. Sie werfen dadurch einen Schatten auf die Leinwand, welcher das Publikum unnötig ablenkt.
- ❑ Ablageflächen: Sorgen Sie dafür eine Ablagefläche zu haben, auf der Sie die benutzten und bisher nicht gezeigten Folien ablegen können. Die Ablagefläche soll auf der richtigen Seite sein, damit Sie nicht durch den Lichtkegel gehen bzw. greifen müssen.

  🎬 Tipp: Achten Sie auf die Lüftung des Hellraumprojektors, damit diese die ausgelegten Folien und Blätter nicht wegbläst.
- ❑ Kontrollblick: Wenn Sie den Hellraumprojektor eingeschaltet haben, werfen Sie einen Kontrollblick an die Leinwand. Sie werden sofort sehen, ob das Publikum die Folie lesen kann oder nicht.
- ❑ Augenkontakt: Der Hellraumprojektor ist dafür gedacht, dass Sie dem Publikum nicht den Rücken zuwenden müssen, wenn Sie einen Blick auf die Folie werfen wollen. Nutzen Sie diesen Umstand. Halten Sie den Blickkontakt mit dem Publikum so oft und so lange wie möglich.
- ❑ Folienwechsel: Sofern Sie im Anschluss an eine Folie gleich die nächste Folie zeigen, können Sie das Gerät gerne anlassen. (Entgegen vieler Empfehlungen.) Sollten Sie aber den Hellraumprojektor während mehr als 60 Sekunden nicht benutzen, schalten Sie das Gerät aus.

---

[9] Universität St. Gallen HSG, 1991. Vor vollem Vorlesungssaal darf ich während zwei Minuten das Rhetorik Center vorstellen. Ich will die Studenten motivieren, unseren Präsentations-Workshop zu besuchen. Ich schreibe das Datum der Veranstaltung auf den Projektor. Es liegt keine Folie auf. Also direkt auf die Projektorscheibe. Mit wasserfestem Filzstift. Schallendes Gelächter.

- ❑ Üben: Bevor Sie den Hellraumprojektor einsetzen, sollten Sie den Umgang mit dem Gerät üben.

### *4.7.6 Dia-Projektor*

Mit der Entwicklung hin zur totalen Digitalisierung ist der Dia-Projektor ein Auslaufmodell. Heute wird er üblicherweise von Laptop und Beamer verdrängt. Auf dem Laptop lässt sich sogar bei Bedarf einfach passende Musik einspielen. Es ist also besser, die alten Dias einzuscannen[10] und danach auf dem Laptop und Beamer zu zeigen.

Beim Dia-Projektor ist zusätzlich die Lichtstärke ein Problem. Der Raum muss üblicherweise abgedunkelt werden. Das wiederum erhöht die Gefahr, dass das Publikum ein Nickerchen macht.

## *4.8 Übung: Vorbereitung*

Sie haben sich entschlossen, Ihre nächste Präsentation gut vorzubereiten? Machen Sie Folgendes:

1. Gehen Sie zu Kapitel 6 Checkliste für die Vorbereitung auf Seite 153.
2. Gehen Sie Schritt für Schritt die Checkliste durch.
3. Haken Sie die erledigten Punkte ab. Streichen Sie die für Sie irrelevanten Punkte durch. Markieren Sie diejenigen, welche noch erledigt werden müssen.
4. Nehmen Sie die noch zu erledigenden Punkte in Angriff.
5. Viel Erfolg!
6. Wiederholen Sie die Schritte 1 - 4 für jede bevorstehende Präsentation.

---

[10] Es gibt handelsübliche Scanner, mit denen dies problemlos möglich ist.

## 4.9 *Fallstudie: Kampfwahl*

Göteborg, Schweden. Europäische Toastmasters-Konferenz. Wahl des Chefs der Schweiz.[11] Internationales Publikum aus ganz Europa. Gut gemischt. Ca. 250 Zuschauer. Zwei Kandidaten, also Kampfwahl.

Beide Kandidaten haben zwei Minuten, um sich anzupreisen. Der Zeitnehmer hat die Anweisung, exakt nach 120 Sekunden mit dem Applaus anzufangen. Das kommt einer akustischen Guillotine gleich: Nach zwei Minuten ist Schluss.

1. Kandidat:

Kommt auf die Bühne. Bekommt ein Mikrofon in die rechte Hand gedrückt. Hält eine Werbebroschüre von Göteborg in der linken Hand. Auf der ersten Seite der Broschüre ein paar Stichwörter gekritzelt. Spricht davon seine Familie komme ursprünglich auch aus Skandinavien. Nach der ersten Minute kommt er zum Thema. Sagt nicht, weshalb er gewählt werden soll. Nach 120 Sekunden: Er ist noch nicht fertig. Der Applaus setzt ein: Er wird knallhart unterbrochen. Roter Kopf. Er tritt ab.

2. Kandidat:

Stellt sich kurz vor. Sagt: „Ich bin bestens für das Amt des Chefs der Schweiz geeignet. Warum?“ Gibt drei prägnante Gründe mit Beispielen, weshalb er ein guter Kandidat sei. Langjähriges Mitglied der Organisation: kennt die Abläufe, hat bereits drei Klubs präsidiert, zwei Klubs gegründet. Kann somit die Präsidenten in ihrer Aufgabe fachgerecht unterstützen. Nach 116 Sekunden sagt er: „Wählt mich zum Chef der Schweiz.“ Tosender Applaus setzt ein. Standing Ovation.

---

[11] Auf Englisch: Division Governor

Was können wir aus der Geschichte lernen:

1. Kandidat 1 hat sich nicht richtig vorbereitet: Er hat bloß kurzfristig ein paar Stichwörter zusammengeschrieben. Nicht einmal auf einem weißen Stichwortzettel, sondern auf einer Werbebroschüre, die er vermutlich vorher in der Lobby des Hotels gefunden hatte.
2. Kandidat 1 konnte sich die Punkte seiner Rede nicht merken. Dank dem Handmikrofon in der einen und der Broschüre in der anderen Hand waren beide Hände gebunden und somit nicht frei zum Gestikulieren.
3. Kandidat 1 hat die Publikumsanalyse falsch oder gar nicht gemacht. Das Publikum war zu 90 Prozent nicht aus Skandinavien. Entsprechend kam seine lange Einleitung nicht an.
4. Kandidat 1 hatte die Zeit nicht im Griff. Seine Einleitung verbrauchte die Hälfte der Zeit. Vermutlich hatte er seine Rede vorher nie geprobt. So wurde er abrupt unterbrochen und konnte seine Botschaft nicht rüberbringen.
5. Kandidat 2 hat all die Fehler von Kandidat 1 vermieden.
6. Kandidat 2 hat sich gut vorbereitet, inklusive Generalprobe.
7. Kandidat 2 hat zu Beginn seiner Wahlrede eine rhetorische Frage eingebaut.
8. Kandidat 2 hat sich auf drei wesentliche Punkte und den Nutzen daraus beschränkt.
9. Kandidat 2 hat seine Rede mit einer klaren Aufforderung beendet.

Kein Wunder hat Kandidat 2 die Wahl gewonnen.

# 5 Inhalte suchen und finden

Wer hat nicht auch schon an einer Schreibblockade gelitten? Das kommt in den besten Familien vor. Also egal, ob Sie der Chef sind oder ein normaler Mitarbeiter. Jetzt heißt es Ideen generieren. Die folgenden Kreativitätstechniken und Quellen helfen Ihnen dabei. Wählen Sie diejenige Technik, welche Ihnen am besten gefällt.

## *5.1 Brainstorming*

Die bekannteste Kreativitätstechnik ist das Brainstorming. Beim Brainstorming lassen Sie Ihren Gedanken einfach freien Lauf. Ohne zu bewerten, lassen Sie alle Gedanken zu, die Ihnen gerade in den Sinn kommen. Schreiben Sie die Gedanken auf ein Blatt Papier. Unstrukturiert. Im ersten Schritt geht es nur um die Quantität, nicht die Qualität. Dieser Vorgang kann zwischen 10 und 30 Minuten dauern.

Brainstorming eignet sich für die Suche sowohl von Themen wie auch von Inhalten. Wenn Sie beispielsweise Ihr Thema haben, machen Sie ein Brainstorming für die Inhalte. Dann wählen Sie ein Strickmuster (siehe Kapitel 6 Aufbau einer Rede auf Seite 61). Ordnen Sie nun die Ideen und Argumente den Schritten des Strickmusters zu. Mit größter Wahrscheinlichkeit werden Ihnen bei dieser Arbeit noch weitere Ideen kommen.

Tipp: Sie können ebenso gut umgekehrt vorgehen: Wählen Sie zuerst das Strickmuster aus. Dann füllen Sie es mit Hilfe der Brainstorming-Methode.

## 5.2 ABC-Methode

Die ABC-Methode ist eine Variante des Brainstormings. Anstatt völlig frei zu assoziieren, gibt die ABC-Methode eine Hilfestellung in Form des Alphabets vor. Jeder Buchstabe des Alphabets regt dabei zu einem neuen Gedanken an. Probieren Sie es mit der folgenden Übung aus.

### 5.2.1 *Übung: ABC-Methode*

Diese Übung dauert nur fünf bis zehn Minuten. Nehmen Sie sich diese Zeit. Es lohnt sich!

1. Nehmen Sie ein weißes Blatt Papier und einen Bleistift.
2. Schreiben Sie am linken Rand in einer Spalte alle Buchstaben des Alphabets auf.
3. Dann schreiben Sie zu jedem Buchstaben Wörter, die mit dem jeweiligen Buchstaben beginnen. Schreiben Sie alle Wörter auf, die Ihnen in den Sinn kommen. Bis das Blatt voll ist. Die Reihenfolge ist unwichtig. Beispiel: A - Apfel, AKW, Altersvorsorge, Ariane, Alaska, Achillessehne, Aristoteles, Abstimmung, ...
4. Als nächstes nutzen Sie die Wörter, um sich Themen einfallen zu lassen.
5. Beispiel: Atomkraftwerk führt zu Themen wie Energiedebatte, Strom aus der Steckdose, Schulreise, Bedrohung durch Terror, Strahlung, Einführung eines WLAN-Netzwerks, Nutzen und Gefahren von Mobiltelefonen usw.
6. Dann wählen Sie das Thema, welches Ihnen und auf das Publikum passt.
7. Viel Erfolg!
8. Wiederholen Sie Schritte 1 bis 6, so oft Sie wollen.

## *5.3 Brainstorming mit Bildern*

Google kann Ihnen beim Brainstorming helfen.[12] Suchen Sie nicht nach Textresultaten, sondern nach Bildern. Sie brauchen bloß die Standardansicht in Google von Text auf Bilder zu wechseln. Die Suchresultate (Bilder) regen zu neuen Ideen an.

## *5.4 Mind-Map-Methode*

Sie können auch anhand der Mind-Map-Methode[13] ein Brainstorming machen. Bei dieser Methode werden die Ideen bereits zum Teil vorstrukturiert. Jede Idee generiert wieder Unterpunkte. Im Anschluss können die Ideen nach Belieben gruppiert werden. [14]

Die folgende Mind Map zeigt beispielhaft die Suche nach einem Thema.

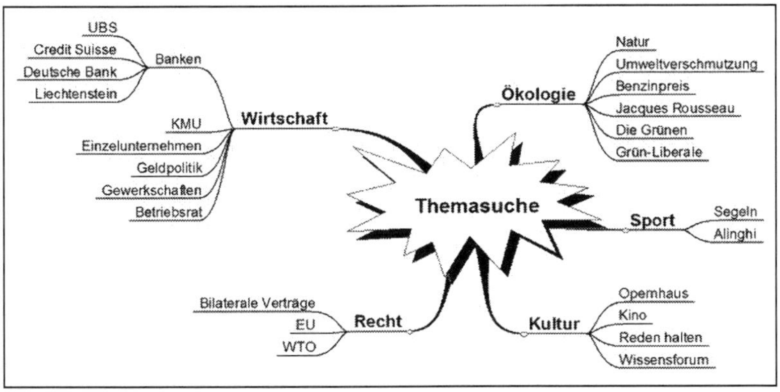


Abbildung 4: Mind Map zur Themasuche

---

[12] Tipp von Fritz Grob, Gespräch, 2006.

[13] Ich setze voraus, dass Sie diese Technik bereits kennen. Empfohlene Literatur: Tony Buzan: Das Mind-Map-Buch. Landsberg am Lech: mvg, 1996.

[14] Ich persönlich arbeite mit der Software MindManager von www.mindjet.com.

Nachfolgend war das Thema bereits vorgegeben: 1984. Das verwendete Strickmuster ist die „Talk-Power-Formel" (siehe Kapitel 6.2 Talk-Power-Formel auf Seite 68).

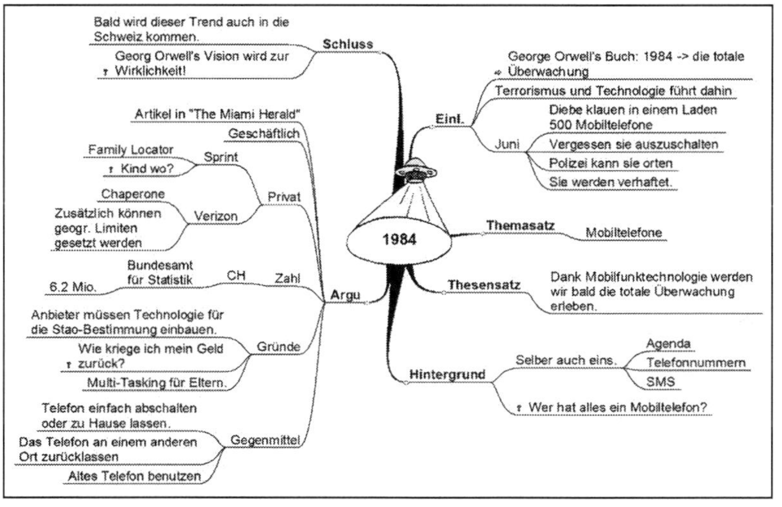


Abbildung 5: Mind Map zur Inhaltssuche

## 5.5 Quellen

Die folgenden Quellen werden Ihnen ebenfalls nützliche Ideen für Themen und Inhalte geben.

- ❑ Bibliothek

  🎬 Tipp: Fragen Sie den Bibliothekar um Hilfe. Bibliothekare sind Experten im Recherchieren.

- ❑ Zeitungen und Zeitschriften
- ❑ Werbung
- ❑ Personen: Mitarbeiter, Experten, Kollegen, Freunde, Bekannte, Familienmitglieder (siehe Kapitel 5.6: Das Netzwerk anzapfen auf Seite 56)
- ❑ Archive
- ❑ Berufsverbände

- ❑ Staatliche Stellen (Gemeinde, Kanton, Bund)
- ❑ Internet, wie z.B. Wikipedia.de und andere Online-Lexika (siehe Kapitel 18 Internetadressen auf Seite 165).
- ❑ Persönliche Erlebnisse (Arbeit, Familie, Reisen, Urlaub)

## *5.6 Das Netzwerk anzapfen*

Es ist in der Vorbereitung einer Präsentation schwierig, die Erwartungen des Chefs und der anderen Anwesenden zu erraten. Wie können Sie die Wahrscheinlichkeit erhöhen, dass er bzw. die Schlüsselspieler zufrieden sein werden? Ganz einfach: Zapfen Sie Ihr Netzwerk an. Nehmen Sie zum Beispiel den Telefonhörer in die Hand und telefonieren Sie mit drei Personen, welche zu Ihrem Thema etwas zu sagen wissen. Fragen Sie sie nach drei Punkten, welche sie zu Ihrem Thema unbedingt erwähnen würden. Oder gehen Sie mit Ihren Bekannten vorher zum Mittagessen. Schneiden Sie das Thema bei Ihrem Gegenüber an. Lassen Sie sich überraschen, was da für eine Fülle von Informationen auf Sie zukommt.

Es lohnt sich, diese Methode schon Wochen und Tage vor der Präsentation einzusetzen.

## *5.7 Ideen für den Redeeinstieg*

Mit dem Redeeinstieg sorgen Sie für den ersten Eindruck – und dieser soll positiv sein.

Letztendlich entscheidet Ihr Publikum, ob der Einstieg gelungen ist oder nicht. Probieren Sie im Verlaufe Ihrer Karriere als Redner Verschiedenes aus und merken Sie sich die Einstiege, welche Ihnen am besten gelingen. Im Anhang finden Sie eine ausführlichere Liste mit Beispielen. Nachfolgend die Ideen, welche ich besonders gerne benutze.

- ❑ Gemeinsamkeiten mit dem Publikum der Veranstaltung: „Wir sitzen alle im selben Boot."
- ❑ Ein Zitat: „Arbeit bedeutet atmen für mich; wenn ich nicht arbeiten kann, kann ich nicht atmen!" Pablo Picasso)
- ❑ Ein Aphorismus[15]: „Lieber ein Ende mit Schrecken als ein Schrecken ohne Ende."
- ❑ Eine schockierende Aussage: „Jede Sekunde wird ein Quadratmeter Boden überbaut. Seit dem Beginn meiner Rede die Größe dieses Raums. In einer Minute ein Squashfeld. In einer Stunde zwei Wohnblocks. In einem Tag ein ganzes Quartier."
- ❑ Eine Geschichte: „Ich habe kürzlich wieder mal die Geschichte von Robinson Crusoe gelesen."
- ❑ Ein Anschauungsobjekt / eine Requisite: „Unsere Lichtschalter sind die besten."

Der gewählte Einstieg muss immer zu Ihnen, zur Situation und zum Publikum passen.

🎬 Tipp: Mein Favorit ist eine persönliche (und meistens humorvolle) Geschichte.

---

[15] Geistreicher, knapp formulierte Gedanke, der eine Erfahrung, Lebensweisheit vermittelt

### *5.7.1 Übung: Zitate*

1. Überlegen Sie, welches das Thema Ihrer nächsten Präsentation sein wird.
2. Loggen Sie sich ins Internet ein und besuchen Sie www.zitate.de, www.aphorismen.de, oder www.zitate.net.[16]
3. Suchen Sie gemäss dem Thema Ihrer Präsentation ein passendes Zitat.
4. Lernen Sie das Zitat auswendig!
5. Benutzen Sie es zur Auflockerung Ihrer Präsentation.
6. Viel Erfolg!
7. Wiederholen Sie diese Übung, so oft Sie wollen.

## *5.8 Ideenordner*

Führen Sie einen Ideenordner. In diesem Ideenordner sammeln Sie alle möglichen Ideen, welche Sie für eine zukünftige Präsentation verwenden können. Sie werden staunen, wie schnell sich ein reicher Fundus an Material ansammeln wird.

Ich habe irgendwo gelesen, es gäbe eine Liste, welche festhält, wo den Leuten die besten Ideen kommen: Auf dem Klo! Dort hat man Zeit, um in Ruhe zu überlegen.

Neben meinem Bett halte ich immer Block und Blei bereit. Sobald mir eine Idee noch vor dem Schlafen einfällt, schreibe ich sie mir auf. Dann kommt sie in den Ordner. So geht sie nicht verloren.

Erinnerung: Sie werden nur einen Fundus an Ideen in Ihrem Ideenordner für die nächste Präsentation zur Verfügung haben, wenn Sie den Ideenordner auch tatsächlich führen.

---

[16] Googeln Sie für weitere Zitate-Seiten. Wer lieber mit einem Buch arbeitet, kann den Duden „Band 12: Zitate und Aussprüche" nutzen.

### *5.8.1 Übung: Ideenordner*

Am besten, Sie setzen die Idee gleich in die Tat um. Nehmen Sie sich diese Zeit. Es lohnt sich!

1. Nehmen Sie einen leeren Ordner zur Hand.
2. Schreiben Sie auf den vorderen Umschlag „Ideenordner für Präsentationen".
3. Nehmen Sie ein weißes Blatt Papier.
4. Schreiben Sie eine Idee darauf.
5. Heften Sie das Blatt im Ideenordner ab.
6. Viel Erfolg!
7. Wiederholen Sie Schritte 3-5 so oft, wie Sie eine Idee haben oder Ihnen etwas Bemerkenswertes über den Weg läuft.

## *5.9 Fallstudie: Internationaler Kundenanlass*

Jedes Jahr organisiert einer meiner Kunden aus dem Finanzdienstleistungsbereich einen großen Kundenanlass.[17] Es sind für diesen Anlass jeweils über 200 Personen aus allen Kontinenten geladen. Der Kunde darf während diesem mehrstündigen Anlass eine Rede auf Englisch halten und den Anlass zusätzlich moderieren. 70 - 80 Prozent der Kunden sind jedes Jahr die gleichen.

Die Schwierigkeit: Es ist unabdingbar, die Rede und die Moderation jedes Mal anders zu gestalten. Andernfalls würde es die Zuhörer langweilen. Und mein Kunde hinterließe nicht den gewünschten positiven Eindruck. Was sich wiederum negativ auf die Geschäftsabschlüsse auswirken würde.

Wir sind diese Herausforderung folgendermaßen angegangen:

---

[17] Aus Datenschutzgründen ist diese Fallstudie leicht geändert.

1. Wir haben uns zusammengesetzt und ein Brainstorming anhand der Mind-Map-Methode gemacht, um Ideen zu finden (siehe Kapitel 5.4 Mind-Map-Methode auf Seite 54).
2. Wir ließen uns vom Ort der Veranstaltung, dem internationalen Umfeld und den aktuellen Ereignissen inspirieren.
3. Wir haben die zur Verfügung stehenden Quellen genutzt, firmenintern und -extern (siehe Kapitel 5.5 Quellen auf Seite 55). Mein Kunde hat einen weiteren Mitarbeiter miteinbezogen und mehrere Telefonate gemacht.
4. Wir haben auf unsere Erfahrung und meinen Ideenordner zurückgegriffen.
5. Wir haben nach passenden Zitaten gesucht.

Durch dieses Coaching wurde der Anlass ein großer Erfolg. Er war für das Folgejahr überbucht.

# 6 Aufbau einer Rede

Immer wieder müssen oder dürfen Sie in Ihrem Unternehmen aufstehen und reden. Die Gelegenheiten sind vielfältig: eine Mitarbeiterorientierung, ein Statusbericht, eine Teampräsentation, eine Kundenpräsentation, eine Präsentation vor dem Verwaltungsrat, eine Jahresversammlung, eine Begrüßung eines neuen Mitarbeiters und viele mehr.

Egal, welches der Anlass Ihrer Rede ist: Damit Sie bei Ihrem Publikum einen bleibenden Eindruck hinterlassen, müssen Sie die Rede gut organisieren. Es lohnt sich. Organisation ist eine Methode um die Gedanken geschickt zu ordnen.

Es gibt viele Möglichkeiten, eine Rede aufzubauen. Allen gemeinsam ist die klassische Einteilung in Einleitung, Hauptteil und Schluss. Im Anschluss an die klassische Einteilung präsentiere ich Ihnen häufig eingesetzte Rede-Formeln, welche wie ein Strickmuster helfen, eine Rede zusammenzustellen.

## *6.1 Einleitung - Hauptteil - Schluss*

Ein sehr brauchbares Werkzeug für die Organisation Ihrer Rede ist die klassische Dreiteilung – Einleitung, Hauptteil und Schluss. Die Einleitung führt ins Thema ein, der Hauptteil handelt das Thema ab, und der Schluss fasst die wichtigsten Punkte noch einmal zusammen. Der Schluss kann auch eine Aufforderung zum Handeln enthalten.

Die Dreiteilung einer Rede ist wie eine Straßenkarte. Sie zeigt Ihnen, wo der Ausgangspunkt ist (Einleitung), wohin Sie gehen (Schluss) und wie Sie ans Ziel kommen (Hauptteil).

1. Einleitung
2. Hauptteil
3. Schluss

Ich empfehle Ihnen Ihre Rede nicht in dieser Reihenfolge vorzubereiten. Als Erstes sollten Sie sich über Ihr Thema und Ihre Aussage (These, Hauptbotschaft) klar werden (siehe Kapitel 3.1 Ziel der Rede auf Seite 19). Als Zweites sollten Sie den Hauptteil vorbereiten. Erst wenn Sie damit fertig sind, sollten Sie an der Einleitung arbeiten. Zu diesem Zeitpunkt wird es Ihnen normalerweise leichter fallen, eine Einleitung zu schreiben, welche Ihr Publikum zu packen vermag, und einen Schluss, welcher beim Publikum einen bleibenden Eindruck hinterlässt.

| **Reihenfolge der Vorbereitung** | **Reihenfolge der Präsentation** |
|---|---|
| 1. Thema & These | 1. Titel |
| 2. Hauptteil | 2. Einleitung |
| a. Hauptaussage 1 | 3. Thema und These |
| i. Unterstützende Aussage | 4. Hauptteil |
| ii. Unterstützende Aussage | a. Hauptaussage 1 |
| b. Hauptaussage 2 | i. Unterstützende Aussage |
| i. Unterstützende Aussage | ii. Unterstützende Aussage |
| ii. Unterstützende Aussage | b. Hauptaussage 2 |
| c. Hauptaussage 3 | i. Unterstützende Aussage |
| i. Unterstützende Aussage | ii. Unterstützende Aussage |
| ii. Unterstützende Aussage | c. Hauptaussage 3 |
| 3. Einleitung | i. Unterstützende Aussage |
| 4. Schluss | ii. Unterstützende Aussage |
| 5. Titel | 5. Schluss |

Abbildung 6: Reihenfolge Vorbereitung vs. Reihenfolge Präsentation

### 6.1.1 *Hauptteil*

Egal, welches Ihre Absicht und welches Ihr Thema ist: Sie werden sich immer entscheiden müssen, was Sie dem Publikum erzählen, um es zu überzeugen, um ihm etwas näherzubringen oder um es zu unterhalten – das ist der Hauptteil Ihrer Rede. Sie sollten drei bis fünf Hauptaussagen machen, welche jeweils durch zwei unterstützende Aussagen untermauert werden. Bei den unterstützenden Aussagen kann es sich um Fakten, Beispiele, Geschichten oder Zitate handeln.

Abhängig davon, worüber Sie sprechen wollen, bzw. was Sie erzählen oder erklären wollen, und abhängig von der Zusammensetzung des Publikums, sollten Sie die Reihenfolge Ihrer Hauptaussagen wählen. Nachfolgend sind einige Möglichkeiten aufgeführt, um Ihre Aussagen zu gruppieren:

- ❑ Von simpel zu komplex
  Beispiel: Wie können wir die Umwelt schützen: im Haushalt, in der Gemeinde, auf der Erde?
- ❑ Von Ursache zu Wirkung
  Beispiel: Was würde geschehen, wenn alle beim Recycling mitmachen würden?
- ❑ Von Wirkung zu Ursache
  Beispiel: Erklären, wie es zum Problem der Umweltverschmutzung gekommen ist.
- ❑ Vom Problem zur Lösung
  Beispiel: Erklären, wie wir das Umweltschutzproblem lösen können.
- ❑ Nach den physischen Merkmalen (Aufzählung)
  Beispiel: Beschreibung verschiedener Arten von Umweltverschmutzungen

- ❑ Nach der Zeit
  Beispiel: Wie hat sich die Umwelt im Verlauf der letzten 25 Jahre verändert?

Nachfolgend ein Beispiel in der Reihenfolge der Präsentation:

1. Müll: Was geht mich das an?
2. Persönliche Geschichte: Ich stehe am Rheinfall und beobachte, wie sich eine große, braune Schaumkrone auf der Wasseroberfläche bildet.
3. Die Umweltverschmutzung in der Schweiz
   Die Umweltverschmutzung in der Schweiz steigt kontinuierlich an.
4. Arten von Umweltverschmutzung
   a. Wasserverschmutzung
      i. Rhein
      ii. Baldeggersee
   b. Luftverschmutzung
      i. Autos
      ii. Fabriken
   c. Bodenverschmutzung
      i. Haushaltabfalldeponien
      ii. Industrieabfalldeponien
5. Aufforderung zur Handlung
   Jeder sollte mithelfen, die Umweltverschmutzung zu reduzieren.

### *6.1.2 Einleitung*

Jetzt, da Sie wissen, was Sie sagen wollen, können Sie sich überlegen, wie die Einleitung zu Ihrem Thema sein soll. Eine gute Einleitung sorgt für ein wohlgesinntes Publikum. Denn so versteht es Ihre Erklärungen, genießt Ihre Geschichte und folgt Ihrer Argumentation.

Ihre Einleitung sollte drei Hauptziele haben:

1. Ihr Publikum muss wissen, welches der Grund für Ihre Rede ist.
2. Das Interesse des Publikums für Ihr Thema soll geweckt werden.
3. Ihr Publikum soll Ihnen und Ihrem Thema gegenüber wohlgesinnt sein.

Eine Einleitung zum Thema "Umweltverschmutzung in der Schweiz" könnte einen oder mehrere der folgenden Punkte enthalten:

1. Ein Dankeschön an den Veranstalter oder eine Bezugnahme zur Veranstaltung: „Sehr geehrte Rotarier. Ich danke Ihnen für Ihre langjährige Unterstützung für den Umweltschutz."
2. Eine Bemerkung über sich selbst: „Ich habe mich intensiv mit dem Thema auseinandergesetzt. Ich bin überzeugt, Ihnen aus dem Herzen zu sprechen."
3. Eine Frage ans Publikum: „Wieso ist es so weit gekommen?"
4. Ein Zitat: „Die Natur ist die Mutter von uns allen." (Henry Thoreau)
5. Eine schockierende Aussage: „Während wir heute hier in diesem Sitzungszimmer versammelt sind, werden wir alle vergiftet."
6. Statistik: „Eine kürzlich veröffentlichte Studie zeigt, dass drei von zehn Hundehaltern die Exkremente ihrer Hunde nicht aufnehmen."[18]
7. Eine Geschichte: „Heute, als ich mit dem Zug hierher unterwegs war, habe ich einen interessanten jungen Mann getroffen. Er heißt Peter Müller. Nachdem wir uns vorgestellt hatten, haben wir darüber gesprochen, wie …"

---

[18] Wenn möglich, visualisieren Sie die Statistik. Ein Bild oder eine Grafik sagt oft mehr als tausend Worte. In diesem konkreten Beispiel könnten Sie alternativ eine Robidog-Tüte als Requisite einsetzen. (In der Schweiz wird jeder Hundehalter angehalten, mit den Tüten der Firma Robidog den Hundekot aufzuheben und zu entsorgen.)

### *6.1.3 Schluss*

Jetzt, da Sie den Hauptteil und die Einleitung vorbereitet haben, können Sie einen Schluss ausarbeiten. Der Schluss bezweckt folgendes:

1. Er fasst die wesentlichen Punkte und Argumente des Hauptteils zusammen.
2. Er wiederholt und unterstützt Ihre Absicht, eine positive Reaktion des Publikums zu erzeugen.
3. Er fordert das Publikum zum Handeln auf.

Nachfolgend einige Ideen, wie Sie Ihren Schluss gestalten können:

1. Eine Zusammenfassung der wesentlichen Punkte: „Zusammenfassend bin ich der Meinung, dass wenn wir die drei Punkte A, B und C beachten, wir die Umweltverschmutzung in der Schweiz um ein Vielfaches reduzieren können."
2. Eine Vorhersage: „Abschließend wünschte ich, ich könnte Ihnen mehr Hoffnung für die Zukunft machen. Ich fürchte jedoch, wenn wir nicht alle unseren Beitrag leisten, die Schönheit der Natur der Schweiz für immer zu verlieren."
3. Ein Zitat aus der Literatur oder von einem Experten: „Wie Thoreau schon sagte: 'Vereinfachen, vereinfachen, vereinfachen'".
4. Eine Anekdote: „Zum Schluss erzähle ich Ihnen noch eine Geschichte. So hat mir meine Tochter beigebracht, wie man Abfall recycelt."
5. Eine Frage: „Wäre es nicht an der Zeit, dass Sie und ich Teil der Lösung und nicht Teil des Problems sind?"

Tipp: Vermeiden Sie einen Schluss wie: „Na endlich sind wir durch."

### *6.1.4 Titel*

Am Ende der Vorbereitungen Ihrer Rede steht die Entscheidung für einen Titel noch an. Der Titel sollte die Aufmerksamkeit und das Interesse des Zuhörers wecken, auf die Absicht und den Inhalt Ihrer Rede hinweisen und möglichst kurz sein, zwischen drei und zehn Wörtern.

Beispiele:

- ❑ Weg mit dem Dreck
- ❑ Müll ohne Ende
- ❑ Wir ersticken im Dreck
- ❑ Müllberge – und kein Ende in Sicht
- ❑ Schmutz, wohin man schaut
- ❑ Müll – was geht mich das an?!
- ❑ Oder ein kurzes Zitat

## 6.2 *Talk-Power-Formel*

Die Talk-Power-Formel[19] ist das Beste, was ich bisher in der Literatur gefunden habe[20]: So baut man eine gute Rede auf. Die Formel ist einfach und effektiv zugleich. Sie dient mir für 80 Prozent meiner Präsentationen als Grundlage. Sie hat die folgende Struktur:

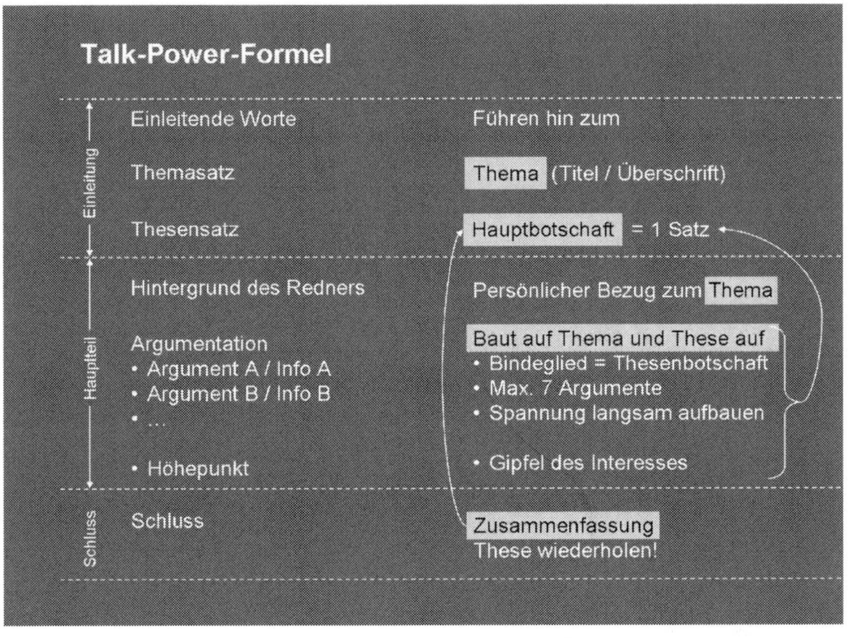


Abbildung 7: Talk-Power-Formel: Zusammenfassung

[19] Rogers, 88ff.

[20] Mit diesem Strickmuster habe ich die Rhetorik-Europameisterschaft 2007 in Göteborg, Schweden, gewonnen.

### *6.2.1 Die sieben Schritte*

1. Einleitende Worte

   Die einleitenden Worte führen hin zum Thema.

   - Machen Sie einen guten ersten Eindruck.

     So geht's: Bereiten Sie sich gründlich vor. Lernen Sie Ihre ersten Sätze auswendig. Schreiten Sie zügig auf die Bühne. Schauen Sie den Zuschauern in die Augen.
   - Wecken Sie das Interesse der Zuhörer

     So geht's: Sie haben sich erkundigt, was die Zuhörer beschäftigt. Sie wissen deshalb, wie Sie die Zuhörer abholen können. Sie wecken nicht nur deren Interesse, sondern wärmen sie auf für die weiteren Aussagen. Meiner Erfahrung nach kommen persönliche Erlebnisse fast immer gut an.
   - Führen Sie hin zum Thema.

     So geht's: Die Einleitung hat etwas mit dem Thema zu tun: „ … Diese Geschichte erinnerte mich an das heutige Thema, nämlich …“ Vermeiden Sie Witze, welche nichts mit dem Thema zu tun haben.
   - Versuchen Sie, die Emotionen zu berühren.

     So geht's: Reden Sie nicht wie ein emotionsloser Roboter. Erzählen Sie stattdessen beispielsweise von einem persönlichen Schlüsselerlebnis: „ …und dann wusste ich: Es gilt ernst. …“[21]

Die einleitenden Worte brauchen nicht immer sehr lang zu sein. Das kommt auf die Situation an. Ich habe einen Kunden auch schon da-

---

[21] Schauen Sie sich die ganz persönliche Rede auf dem Video „Das einzig Beständige ist der Wandel“ auf www.descubris.ch an. Die Rede wurde von der Jury mit dem Vize-Europameistertitel 2006 ausgezeichnet.

hingehend beraten zu sagen: „Meine sehr verehrten Damen und Herren, die Zeit drängt. Lassen Sie mich gleich zum Thema kommen."

2. Themasatz
   - Der Themasatz ist ähnlich wie ein Titel.
   - Er zeigt in die generelle Richtung.
   - Halten Sie ihn kurz.
   - Er ist für die Zuhörer wie ein Wegweiser.
   - Tabu: Er darf nicht zu lang und nicht zu kompliziert sein. Er darf nicht zu viele Informationen enthalten.

   Beispiele:
   Mein Thema heute ist die Expansion nach China.
   Ich präsentiere unser neuestes Produkt: das BRIC-Zertifikat. (BRIC: Brasilien, Russland, Indien, China)

3. Thesensatz
   In diesem Schritt liegt die besondere Stärke dieses Strickmusters. Sie werden gezwungen, sich genau zu überlegen, was das Ziel Ihrer Rede ist. Alle Argumente werden kontinuierlich darauf geprüft, ob sie die These stützen.
   - Mit dem Thesensatz formulieren Sie Ihre These, Ihre Behauptung.
   - Er ist die Hauptbotschaft der Präsentation.
   - Er ist der Schlüsselsatz.
   - Er ist wie der rote Faden.

   Beispiel: Ich behaupte, mit dem BRIC-Zertifikat erhalten unsere Kunden eine optimale Ergänzung zu ihrem bestehenden Portefeuille.

   🎬 Tipp: Idealerweise hat der Thesensatz auf der Rückseite einer Visitenkarte Platz.

4. Hintergrund des Redners

   Bei diesem Schritt des Strickmusters geht es um die Beantwortung der folgenden Fragen.

   - Was haben *Sie* mit dem Thema zu tun?
   - Weshalb sprechen *Sie* zu diesem Thema?
   - Wieso sind gerade *Sie* die richtige Person, um über dieses Thema zu sprechen?

   Dieser Punkt verschafft Ihnen beim Publikum Glaubwürdigkeit. Lassen Sie ihn nur aus, wenn der Moderator Sie bereits gebührend vorgestellt hat.

   Sie brauchen kein Fachexperte im Thema Ihrer Präsentation zu sein, auch wenn Sie es in den meisten Fällen bei firmeninternen Präsentationen sein werden. Entscheidend ist für das Publikum zu verstehen, wer spricht und weshalb. Entsprechend werden die Erwartungen des Publikums gesteuert.

   Beispiel: Während der letzten zehn Jahre habe ich zusammen mit meinen Kollegen regelmässig neue Finanzprodukte entwickelt.

5. Argumentation

   Die Argumentation baut auf dem Thema und der These auf.

   - Beschränken Sie sich auf maximal sieben Punkte. Mehr kann das Publikum nicht aufnehmen. Oft reichen bereits drei.
   - Für eine informierende Präsentation bringen Sie die unterstützenden Informationen.

     Beispiel: Nach meiner Präsentation kennen Sie die vier P[22] des Marketing-Mix.

---

[22] Aus dem Englischen: product, place, promotion, price

Information A: Produkt
Information B: Preis
Information C: Kommunikation
Information D: Distribution

- Für eine überzeugende Präsentation bringen Sie die Argumente.
  Beispiel: Sie sollten für jedes Konto ein eigenes Passwort anlegen.
  Argument A: Vertraulichkeit
  Argument B: Sicherheit
  usw.
- Nennen Sie nur Argumente oder Informationen, welche für die These relevant sind. Mit dem Thesensatz können Sie prüfen, ob die Argumente relevant sind oder nicht.

6. Höhepunkt
   - Der Schritt „Höhepunkt“ soll Ihr letztes und stärkstes Argument sein. Dies deshalb, weil es die letzte Chance ist, Einfluss auf das Publikum zu nehmen.
   - Machen Sie einen starken Abschluss.
     So geht's: Bereiten Sie sich gründlich vor. Lernen Sie Ihre letzten Sätze auswendig. Halten Sie festen Augenkontakt mit dem Publikum.
   - Halten Sie sich kurz.
     Das letzte Argument soll kurz sein. Es ist kürzer als die anderen Argumente.

7. Schluss
   - Geben Sie dem Publikum Orientierung.
     Beispiele: „Ich fasse zusammen.“ „Ich komme nun zum Schluss.“ „Die Moral von der Geschichte ist: …“
   - Machen Sie eine kurze Zusammenfassung Ihrer Argumente.
   - Wiederholen Sie den Thesensatz.
   - Schliessen Sie den Kreis.
     So geht’s: Greifen Sie die einleitenden Gedanken am Schluss noch einmal auf. Damit schliessen Sie den Kreis.
   - Fordern Sie das Publikum zum Handeln auf.
     Beispiel: „Geben Sie mir deshalb zusätzlich ein Budget von EUR 50'000.-, damit dieses Projekt mit Erfolg und zur Zeit abgeschlossen werden kann.“

### *6.2.2 Übung: Talk-Power-Formel*

Erstellen Sie eine Präsentation anhand der Talk-Power-Formel. Im Download-Bereich von www.descubris.ch gibt es zwei Vorlagen (PowerPoint und MindManager), welche Ihnen diese Übung einfacher machen.

Ihnen fällt kein Thema für diese Übung ein? Dann finden Sie Inspiration im Kapitel 5 Inhalte suchen und finden auf Seite 52.

## *6.3 G-H-M-Formel*

Die Buchstaben G-H-M stehen für:

- Gestern
- Heute
- Morgen

Die G-H-M-Formel kann vielseitig eingesetzt werden, z.B. für Projektstatusberichte, Kundenanlässe, Mitarbeiterveranstaltungen. Sie eignet sich auch besonders gut für Stegreifreden (siehe Kapitel 8 Stegreifreden auf Seite 88). Erzählen Sie zuerst etwas zum Gestern (= Vergangenheit), dann etwas zum Heute (= Gegenwart) und schließlich etwas zum Morgen (= Zukunft). Auf diese Weise geben Sie Ihrer Präsentation einen schönen zeitlichen (Spannungs-)Bogen.

Die G-H-M-Formel ist zwar sehr einfach, hat aber den Nachteil nicht zu einer eindeutigen Hauptbotschaft zu zwingen (was die große Stärke der Talk-Power-Formel ist).

## *6.4 Informative Rede-Formel*

Die informative Rede-Formel[23] ist der Klassiker unter den Strickmustern. Sie sagen dem Publikum, was Sie ihm erzählen werden, erzählen es und sagen dann, was Sie erzählt haben. Der wesentliche Unterschied der informativen zur überzeugenden Rede-Formel (siehe Kapitel 6.5: Überzeugende Rede-Formel auf Seite 77): Sie richten am Schluss der Rede keinen Appell ans Publikum.

| | Schritt | Kommentar |
|---|---|---|
| 1. | Aufmerksamkeit der Zuhörer wecken | Reißen Sie Ihre Zuhörer aus dem Schlaf. |
| 2. | Brücken schlagen | Erklären Sie, wieso die Zuhörer von diesem Problem betroffen sind. |
| 3. | Sagen Sie Ihren Zuhörern, was Sie ihnen erzählen werden. | Kündigen Sie an, was Sie erzählen werden. |
| 4. | Erzählen Sie es. | Teilen Sie die Information mit dem Publikum. |
| 5. | Fassen Sie zusammen, was Sie erzählt haben. | Wiederholen Sie die wichtigsten Punkte und machen Sie eine Zusammenfassung. |

Abbildung 8: Informative Rede-Formel: Tabelle

---

[23] Arthur Andersen & Co., 11.

Die folgende Grafik hilft Ihnen, sich die informative Rede-Formel einzuprägen. Mit dem Feuer wecken Sie die Aufmerksamkeit der Zuhörer. Dann schlagen Sie eine Brücke zum Publikum, indem Sie ihm erklären, weshalb das Thema relevant ist. Im Anschluss erzählen Sie, was Sie erzählen werden. (Sie geben damit einen Überblick.) Erzählen Sie es. Fassen Sie zusammen, was Sie erzählt haben.

Abbildung 9: Informative Rede-Formel: Grafik

## *6.5 Überzeugende Rede-Formel*

In vielen Situationen wollen Sie Ihre Zuhörer von Ihrem Standpunkt überzeugen. Wenden Sie die überzeugende Rede-Formel[24] an, damit Sie keinesfalls die Entkräftung von Gegenargumenten und die Handlungsaufforderung am Schluss Ihrer Präsentation vergessen.

| | Schritt | Kommentar |
|---|---|---|
| 1. | Aufmerksamkeit der Zuhörer wecken | Reißen Sie Ihre Zuhörer aus dem Schlaf. |
| 2. | Brücken schlagen – Problem definieren | Erklären Sie, wieso die Zuhörer von diesem Problem betroffen sind. |
| 3. | Die Lösung präsentieren | Beschreiben Sie, wie das Problem gelöst werden kann. |
| 3a. | Die Vorteile der Lösung aufzeigen | Zeigen Sie den Zuhörern, wie sie (die Zuhörer) von der Lösung profitieren können. |
| 3b. | Mögliche Gegenargumente entkräften | Erklären Sie, weshalb Gegenargumente nicht relevant sind. |
| 4. | Handlungsaufforderung | Sagen Sie den Zuhörern genau, was Sie tun sollen. |

Abbildung 10: Überzeugende Rede-Formel: Tabelle

[24] Arthur Andersen & Co., 14f.

Die folgende Grafik hilft Ihnen, sich die überzeugende Rede-Formel einzuprägen. Mit dem Feuer wecken Sie die Aufmerksamkeit der Zuhörer. Dann schlagen Sie eine Brücke zum Publikum, indem Sie ihm erklären, weshalb das Thema relevant ist. Erklären Sie den Zuschauern, was Sie als Lösung für das Problem sehen. Sprechen Sie von den Vor- und Nachteilen Ihrer Lösung. Geben Sie dem Publikum eine Handlungsaufforderung mit auf den Weg.

Abbildung 11: Überzeugende Rede-Formel: Grafik

## 6.6 AIDA-Formel

Diese Formel ist sehr beliebt unter Marketing-Fachleuten. Die Anfangsbuchstaben der folgenden englischen Wörter bilden die Eselsbrücke AIDA.

- ❑ **A**ttention: Aufmerksamkeit (erzeugen)
- ❑ **I**nterest: Interesse (hervorrufen)
- ❑ **D**esire: Wünsche (wecken)
- ❑ **A**ction: Aufforderung (zum Handeln)

## 6.7 Problemlösungs-Formel

Die Problemlösungs-Formel[25] zeichnet sich aus, weil sie mehrere Lösungsmöglichkeiten aufzeigt.

- ❑ Das Problem darstellen
- ❑ Verschiedene Lösungsmöglichkeiten darstellen
- ❑ Eine oder mehrere Lösungsmöglichkeiten auswählen und die Auswahl begründen
- ❑ Den besten Lösungsweg erläutern

## 6.8 Projekt-Formel

Die Projekt-Formel ist das ideale Strickmuster für einen Projektstatusbericht.

- ❑ Wo stehen wir? (Gegenwart)
- ❑ Wo wollen wir hin? (Zukunft)
- ❑ Wie können wir das Ziel erreichen? (Weg zum Ziel)

---

[25] Holzheu, 39.

## 6.9 These - Antithese - Synthese

Sie erinnern sich bestimmt an die Schulzeit: Aufsatz schreiben. Nennen Sie die Aspekte, welche *für* Ihr Thema sprechen. Dann diejenigen, welche *dagegen* sprechen.[26] Zum Schluss machen Sie eine Güterabwägung und erklären, weshalb Sie sich für oder gegen eine bestimmte Vorlage stellen.

Hier das Strickmuster in Kurzform:

- ❑ These (Pro)
- ❑ Antithese (Kontra)
- ❑ Synthese (abwägen, bewerten = Schlussfolgerung)

## 6.10 Jubiläumsrede

Jubiläumsreden sind oft zum Gähnen. Machen Sie den Unterschied, indem Sie eine Anekdote oder Geschichte einflechten. Verwenden Sie das folgende Muster[27]:

- ❑ Jubiläumsanlass
- ❑ Erzählung
  - Anekdote oder lustige Begebenheit über den Jubilar
  - Geschichte über etwas Bewundernswertes oder Vorbildliches aus dem Leben des Jubilars
- ❑ Gratulation
- ❑ Danke

---

[26] Entspricht der Einwandbehandlung der überzeugenden Rede-Formel.

[27] Pöhm, 2002, 186f.

# 7 Gedächtnisstützen

Selbst Experten fällt es nicht leicht, sich alle wichtigen Punkte einer Präsentation auswendig zu merken. Deshalb bespreche ich an dieser Stelle Gedächtnisstützen, die Ihnen helfen, die Inhalte einer Präsentation mit Leichtigkeit abzurufen.

Bei den schriftlichen Gedächtnisstützen geht es um das Ablesen und gleichzeitige Vortragen eines Textes. Dies ist umso schwieriger, wenn Sie die Gedächtnisstützen nicht selbst erstellt haben.[28] Einen vorbereiteten Text wird man mit Vorteil im Voraus mehrere Male lesen und ihn auch bearbeiten, damit man nicht ständig von der Vorlage ablesen muss. Zur freien Rede führt aber weder das Ablesen eines Manuskripts noch das Auswendiglernen. Hier hilft nur die ständige Übung in der Wortausgestaltung eines Stichwortkonzeptes mit Hilfe des Sprechdenkens und die Anwendung von Mnemotechniken.

## *7.1 Sprechdenken*

Mit Sprechdenken bezeichnen wir eine enge Verknüpfung von Denken und Sprechen während des Denkens.

Praktisch heißt das: ein Sinnbezug liegt als Gedankenstütze in einem Stichwort oder in einer Folge von Stichwörtern (Stichsatz) vor. Das Stichwort gibt den Denkimpuls und dieser drängt zur Entfaltung durch Wortausgestaltung. Das Entscheidende dabei ist, dass man sich nicht an einen bestimmten Wortlaut klammert, sondern sich dazu zwingt, den gleichen Stichsatz immer wieder anders auszuformulieren. Während man spricht, muss man schon die nächsten Stichworte kurz überfliegen und

[28] Beispielsweise haben Sie die Unterlagen von jemand anderem übernommen. Oder Sie haben einen Redeschreiber beauftragt.

diese für kurze Zeit im Gedächtnis behalten. Auch hier gilt: „Übung macht den Meister.“

## *7.2 Freisprechhilfen*

Wie sollen Freisprechhilfen vorbereitet werden? Für die Aufstellungen von Stichwortfolgen (bei Rednern oftmals auf kleinen Kärtchen, so genannte „cue cards“, Stichwort- oder Spickzettel) gibt es verschiedene Vorschläge und Regeln. Diese reichen von unregelmäßigen Formatierungen (Zeileneinzug) bis zum Hervorheben von wichtigen Wörtern. Die Erfahrung lehrt aber, dass diese Aufstellungen sehr individuell gehandhabt werden und jeder Redner seinen eigenen Stil finden muss. Der Eine schreibt lieber ganze Sätze auf, während der Andere nur einzelne Wörter aufschreibt.

Der Redner hat die Wahl zwischen einer wörtlichen Manuskriptrede, einer Rede anhand von Stichwortzettel, einer Präsentation mit PowerPoint und einer Rede anhand einer Mind Map. Ohne Freisprechhilfen ist die Rede natürlich am besten.

## *7.3 Manuskriptmethode*

Diese Methode kann ich nicht empfehlen. Sie führt üblicherweise zum Tiefschlaf der Zuhörer. Sie eignet sich nur für Redner, die noch sehr unsicher beim Formulieren eines Stichwortkonzeptes sind. Vor allem schwierige Stellen können mit einem Manuskript sprachlich gut überwunden werden.

Ein Manuskript ist ungeeignet, weil es magnetische Eigenschaften hat: Es zieht Ihre Augen magnetisch an und verhindert so den Blickkontakt mit dem Publikum. Außerdem ist es extrem schwierig, eine Stelle wieder zu finden, sollten Sie es dennoch geschafft haben, einmal für kurze Zeit dem Magnetismus des Manuskripts zu widerstehen.

Falls Sie diese Methode dennoch einsetzen, achten Sie auf Folgendes.

Tipps:
- Feste (!) A4-Blätter verwenden
- Blätter nur einseitig beschriften
- Großen Zeilenabstand halten
- Breiten Rand lassen
- Jeden Satz am linken Rand beginnen lassen
- Wichtige Textstellen unterstreichen
- Pausen markieren
- Mit Farben arbeiten
- Bilder und Symbole verwenden
- Blätter nummerieren

## *7.4 Stichwortzettelmethode*

Die Stichwortzettelmethode (Spickzettel) fördert das Sprechdenken und bringt eindeutige Vorteile, denn
- sie erhält das spontane Element während des Redens,
- sie ermöglicht einen häufigeren Blickkontakt,
- die Gefahr, den Faden zu verlieren, ist geringer als bei der wörtlichen Manuskriptrede und
- sie vermindert die Gefahr, dass Sie das Manuskript herunterleiern.

Tipps:
- Karten im Format A6 (Postkartengröße) oder kleiner verwenden, 160 g/m2
- Nur einseitig beschriften
- Maximal SIEBEN Stichwörter pro Karte

- Groß und deutlich schreiben. Schreiben Sie groß genug, damit Sie Ihre Notizen ohne Lesebrille lesen können.
- Arbeiten Sie mit Farben.
- Bilder und Symbole verwenden. Das macht Ihre Stickwortzettel einfacher lesbar.
- Rückseite der Karten in der gleichen Farbe wie Ihre Kleidung wählen
- Nummerieren Sie die Stichwortzettel. Es gibt nichts Ärgerlicheres, als wenn die Zettel aus der Reihenfolge geraten und Sie nicht mehr wissen, wie die Reihenfolge war.
- Spalten nutzen. Sie können zwei Spalten nutzen, um sich in der einen an den Inhalt zu erinnern, in der anderen an die Gesten, Anekdoten, Bilder usw.
- Notieren Sie sich die Zeiten rechts oben auf die Stichwortzettel. Auf diese Weise wissen sie, ob sie im Zeitplan sind.
- Markieren sie bestimmte Themen als optional. Bei einem Mangel an Zeit können Sie diese dann einfach überspringen.

### *7.4.1 Übung: Stichwortzettelmethode*

Diese Übung dauert nur fünf bis zehn Minuten. Nehmen Sie sich diese Zeit. Es lohnt sich!

1. Organisieren Sie Kärtchen in Visitenkartengröße.
2. Nehmen Sie die Unterlagen für Ihre nächste Präsentation zur Hand.
3. Schreiben Sie stichwortartig die wichtigsten Gedanken auf die Stichwortzettel. (Einen Gedanken pro Stichwortzettel.)
4. Nummerieren Sie die Stichwortzettel.
5. Halten Sie die Stichwortzettel in einer Hand und halten Sie Ihre Präsentation.
6. Mit jedem neuen Gedanken blättern Sie einen Stichwortzettel weiter.

7. Reden Sie, bis alle Stichwortzettel durch sind.
8. Viel Erfolg!
9. Wiederholen Sie Schritt 1 - 7, so oft wie Sie wollen. Nach ein paar Wiederholungen brauchen Sie die Stichwortzettel nicht mehr, und Sie können völlig frei sprechen!

## *7.5 Mind-Map-Methode*

Die Mind-Map-Methode (siehe Kapitel 5.4 Mind-Map-Methode auf Seite 54) geht noch einen Schritt weiter als die Stichwortzettelmethode. Sie konzentriert sich nicht nur auf die Schlüsselwörter einer Rede, sondern setzt sie zusätzlich bildlich miteinander in Beziehung. Sowohl die linke wie auch die rechte Gehirnhälfte werden aktiviert. Dadurch wird die Gedächtnisleistung gesteigert.

🎬 Tipps:

- ❑ A4-großes, unliniertes Blatt verwenden
- ❑ Blatt im Querformat nutzen
- ❑ Mit Farben arbeiten
- ❑ Bilder und Symbole verwenden
- ❑ Inhalte im Uhrzeigersinn um den Zentralbegriff anordnen
- ❑ Mit dem ersten Ast oben rechts beginnen
- ❑ Bilder und Symbole anstatt Worte benutzen
- ❑ Blatt zweimal falten (A4-Drittel) und in die Innentasche Ihres Jacketts stecken; nur bei Bedarf benutzen

## *7.6 Mnemotechnik*

Die eleganteste Technik ist die Mnemotechnik.[29] Sie erlaubt es dem Redner, ganz ohne Notizen zu reden. Der Redner spricht völlig frei. Die Mnemotechnik beschreibt mehrere Wege, wie wir uns die Inhalte einer Präsentation einfacher merken können. Im Wesentlichen setzt sie auf die Erkenntnis, dass wir uns Bilder und Assoziationen besonders gut merken können.

Nehmen wir ein Beispiel. Angenommen, wir wollen uns die fünf Schritte der informativen Rede-Formel einprägen.

1. Wir übersetzen die fünf Schritte in Bilder (siehe Abbildung 9: Informative Rede-Formel: Grafik auf Seite 76).
2. Wir verbinden (assoziieren) die Bilder miteinander.

Meine persönlichen Assoziationen sehen folgendermaßen aus:
Feuer - Brücke: Ich stelle mir vor, wie ich über eine Feuerbrücke laufe. Sie lodert lichterloh, ich spüre die Hitze. Es gibt viel Rauch. Ich muss husten.

Brücke - Flugzeug: Plötzlich hebt die Brücke ab in die Lüfte. Sie unterteilt sich in Hunderte von kleinen Flugzeugen. Die Brücken bilden die Tragflächen der Flugzeuge.

Flugzeug - Nikolaus: Eines der Flugzeuge trifft auf Nikolaus. Er setzt sich auf eine der Tragflächen und fliegt mit.

---

[29] Die Mnemotechnik entwickelt Merkhilfen (Eselsbrücken), zum Beispiel als Merksatz, Reim, Schema oder Grafik. Sie wird in der Literatur umfassend beschrieben (z.B. von Tony Buzan, Harry Lorraine und Gregor Staub).

Nikolaus - Liste: Der Nikolaus trägt einen Rock, welcher ähnlich wie ein Weihnachtsbaum mit Wunschzetteln behangen ist. Er nimmt sie alle zusammen und fängt an zu lesen.

Je außergewöhnlicher die Assoziation, desto einfacher bleibt sie im Gedächtnis haften. Damit die Technik gut funktioniert, empfiehlt es sich, sich eigene Bilder und Assoziationen einfallen zu lassen. Die Bilder eines anderen sind meist weniger stark.

Wie beim Mind Mapping aktiviert diese Technik beide Hirnhälften und steigert so das Erinnerungsvermögen. Sie eignet sich für jede Art von Präsentation, auch für firmeninterne.

# 8 Stegreifreden

Ist Ihnen das ebenfalls schon mal passiert? Sie nehmen an einer Sitzung teil. Der Chef sucht einen Freiwilligen. Dieser soll vom Treffen mit dem Kunden berichten. Keiner aus dem Team ist vorbereitet. Keiner meldet sich. Als Erstes denken Sie: „Hoffentlich nicht ich." Dann wählt der Chef jemand anderen aus. Als Zweites denken Sie: „Das arme Schwein." Dann denken Sie: „Mal sehen, wie er sich schlägt."

Unvorbereitet, aus dem Stegreif, zu reden fällt vielen schwer. Damit Sie beim nächsten Mal unvorbereitet eine Rede mit Hand und Fuß halten können, habe ich für Sie die folgende Checkliste zusammengestellt.

## *8.1 Checkliste*

Die folgenden Merkpunkte werden Ihnen bei Ihrer nächsten Stegreifrede helfen.

- ❑ Lächeln: Lächeln Sie. Lächeln wird Ihnen helfen, dass Sie sich gut fühlen und eine positive Einstellung zur Aufgabe gewinnen.
- ❑ Entschuldigen: Entschuldigen Sie sich nicht: Stellen Sie sich der Aufgabe! Verlieren Sie keine Gedanken daran, wieso das Thema zu komplex, zu ungewöhnlich oder zu altmodisch ist. Vermeiden Sie Sätze wie: „Ich bin kein guter Redner. Ich mache das jetzt zum ersten Mal. Mir fällt nichts ein." Falls Sie umfallen, stehen Sie (einfach) wieder auf.
- ❑ Begrüßen: Falls Ihnen nicht unmittelbar ein origineller Anfang einfällt, hilft es, die Zuschauer als Erstes zu begrüssen. Beispiel: „Liebe Kolleginnen und Kollegen …"

- ❑ Bedanken: Steigen Sie ohne sich zu bedanken in das Thema ein. Sie laufen sonst Gefahr, das Thema zu vergessen. Außerdem empfinden viele eine Danksagung als Floskel.
- ❑ Blickkontakt halten: Versuchen Sie, die Gedanken bei den Zuschauern zu holen und nicht an der Decke, auf dem Boden oder an den Fingernägeln.
- ❑ Frage wiederholen: Falls Ihnen (immer noch) nichts einfällt, wiederholen Sie die Frage. So gewinnen Sie Zeit. Sie können die Frage sogar ein zweites Mal wiederholen. Am besten mit anderen Worten.
- ❑ Pause machen: Falls Sie gerade von keinem Gedanken beglückt werden, sagen Sie einfach nichts. Machen Sie eine Pause.
- ❑ Ähs vermeiden: Wenn Sie nicht wissen, was Sie sagen wollen, dann ist es besser, Sie schweigen, als die Stille mit Ähs zu füllen.
- ❑ Struktur: Es gibt vier Möglichkeiten:
  - Geben Sie Ihre Meinung zum Besten.
  - Gehen Sie auf Ursache und Wirkung ein.
  - Unterteilen Sie das Thema in seine Komponenten.
  - Erklären Sie, wie es in der Vergangenheit war, in der Gegenwart ist und in der Zukunft sein wird. (Siehe Kapitel 6.3: G-H-M-Formel auf Seite 74.)
- ❑ Zusammenfassen: Fassen Sie zusammen, was Sie gesagt haben.
- ❑ Das Wort übergeben: Übergeben Sie das Wort mit einer Handgeste wieder an den Moderator. (Siehe Kapitel 3.8: Moderator auf Seite 26.)

Diese Checkliste können Sie auf www.descubris.ch herunterladen.

## *8.2 Übung*

Üben Sie mit Hilfe der folgenden Anleitung. Dieses Training dauert ca. fünf Minuten. Nehmen Sie sich diese Zeit. Es lohnt sich!

1. Halten Sie Ihre Uhr mit Sekundenzeiger bereit.
2. Halten Sie sich die folgende Struktur vor dem geistigen Auge:
   a. Wie war es in der Vergangenheit (G: gestern)?
   b. Wie ist die Situation heute (H: heute)?
   c. Wie sehen Sie die zukünftige Entwicklung (M: morgen)?
3. Entscheiden Sie sich innerhalb von 30 Sekunden für eines der folgenden Themen:
   a. Wird der Stau am Gotthard durch eine zweite Tunnelröhre gelöst?
   b. Ist der letzte heisse Sommer ein Zeichen für die globale Erwärmung?
4. Halten Sie nun eine ein- bis zweiminütige Stegreifrede anhand der Struktur „gestern - heute - morgen" (G-H-M).
5. Viel Erfolg!

🎬 Tipp: Wiederholen Sie diese Übung mit beliebigen Themen, so oft Sie wollen.

Auf www.descubris.ch können Sie eine Datei mit 200 Themen zum Üben herunterladen.

# 9 Authentizität

Authentizität ist ein wichtiger Aspekt einer guten Präsentation – ohne Frage. Authentizität äußert sich durch die Kongruenz der Worte, Stimme und Körpersprache. Die drei Aspekte müssen zusammenpassen.

Beispiel: Ihr Bericht von einem Unfall, bei dem Sie sich verletzt haben, wirkt erst authentisch, wenn der Schmerz in der Stimme hörbar und im Gesicht sichtbar wird.

Sobald Sie sich allerdings außerhalb Ihrer Komfortzone bewegen, werden Sie nicht authentisch rüberkommen. Das ist kein Wunder, denn Sie haben es ja noch nicht so oft gemacht, dass es aus dem Effeff kommt.

Stellen Sie sich in diesem Zusammenhang beispielsweise vor, Sie hätten einen Tenniskurs belegt. Der Trainer bringt Ihnen eine neue Technik bei. Zu Beginn werden Sie Mühe haben, die neue Technik anzuwenden. Es wird komisch aussehen. Sie wirken nicht authentisch. Und genau so ist es auch beim Präsentieren. Wenn Sie etwas Neues ausprobieren, wird es zu Beginn unnatürlich aussehen. Je länger Sie es aber üben, desto natürlicher werden Sie wirken. Bis zu dem Moment, an dem die neue Technik in Fleisch und Blut übergegangen ist.

Tipp: Lassen Sie sich also nicht von sich selbst oder anderen abhalten, etwas Neues auszuprobieren.

Auch wenn es manchmal etwas länger dauert, bis es Ihnen leicht fällt und authentisch aussieht.

Damit Sie schon von Beginn an beim Publikum authentisch rüberkommen, wählen Sie mit Vorteil ein Thema, welches Sie interessiert und zu dem Sie einen klaren Standpunkt haben. Unsere Welt ist voll von kontroversen Themen, und es gibt bestimmt zahlreiche zu denen Sie starke

Gefühle haben. Dies ist auch im eigenen Unternehmen der Fall. Ihr Thema kann ein beliebiges sein: Steuern, Weiterbildung, Waffenexport, Mitarbeiterverpflegung, Corporate Governance. Je dezidierter Ihre Meinung, desto größer die Wahrscheinlichkeit, dass Ihre Rede als authentisch wahrgenommen wird. Nach der Wahl des Themas können Sie eine Rede vorbereiten, welche Ihren Protest, Ihren Appell oder Ihre Handlungsaufforderung gut zum Ausdruck bringt.

Wenn Sie anfänglich nichts Gutes an Ihrem Thema finden können, tun Sie folgendes: Sprechen Sie mit jemandem, der sich dieses Thema zum Beruf gemacht hat. Finden Sie heraus, was er daran spannend findet. Ich behaupte, es gibt zu jedem Thema eine interessante Seite. Es liegt an Ihnen, diese interessante Seite zu suchen, zu finden und zu präsentieren. Schließlich wollen Sie Ihre Zuschauer um keinen Preis langweilen.

# 10 Vortragsweise

Um Ihre Rede so effektiv wie möglich zu vermitteln, muss sie durch die Art und Weise, wie Sie sie halten, unterstützt werden. Es gibt Studien, welche behaupten, dass es für eine erfolgreiche Rede nur zu sieben Prozent auf den Inhalt und zu 93 Prozent auf die Präsentationstechnik – den Auftritt – ankommt. Auch wenn nicht alle mit diesen Prozentzahlen einverstanden sind, eines frisst keine Ziege weg: Die Präsentationstechnik ist mindestens die halbe Miete. Es gibt viele hilfreiche Techniken (Körpersprache, Gesichtsausdruck, Blickkontakt und Stimmvariation), um die Präsentation positiv zu beeinflussen. Diese Techniken schauen wir uns in den folgenden Kapiteln an.

🎬 Tipp: Egal was Sie tun, es soll nicht von Ihrer Hauptbotschaft ablenken.

## *10.1 Übung macht den Meister*

Damit Ihre Vortragsweise besser wird, empfehle ich Ihnen, so viele Reden und Präsentationen zu halten, wie Sie nur können. Nehmen Sie z.B. jede firmeninterne Gelegenheit wahr. Das Sprichwort „Übung macht den Meister" hat hier genauso Gültigkeit, als ob Sie ein Virtuose auf der Geige werden wollten. Der amerikanische Rhetoriker Paul B. Evans formuliert seine Empfehlung an den künftigen Redner so: „Stage time, stage time, stage time."[30] Durch jede Übung werden Sie besser.

---

30 Sinngemäss: Reden Sie so oft vor Publikum wie möglich.

### *10.1.1 Übung: Redegelegenheiten schaffen*

Oft höre ich die Klage: „Ich habe nur ganz selten die Gelegenheit zu üben." Wenn das bei Ihnen ebenfalls so ist, dann schaffen Sie sich die Redegelegenheiten doch einfach selbst. Diese Übung dauert ca. zehn Minuten. Nehmen Sie sich diese Zeit. Es lohnt sich!

1. Nehmen Sie Ihren Terminkalender zur Hand.
2. Gewinnen Sie einen Überblick über die folgenden 14 Tage.
3. Suchen Sie eine Gelegenheit, an welcher Sie eine Rede / Präsentation halten könnten.
4. Rufen Sie den Verantwortlichen dieses Anlasses an. Dies kann beruflich oder privat sein.
5. Bitten Sie den Verantwortlichen darum, eine Rede / Präsentation halten zu dürfen. Ich wette mit Ihnen, in 95 Prozent der Fälle wird der Verantwortliche mit Begeisterung zusagen.
6. Notieren Sie den Termin und bereiten Sie sich vor.
7. Viel Erfolg!

🎬 Tipp: Nicht nur Situationen, welche offiziell als Präsentation bezeichnet werden, können zum Üben genutzt werden. Benutzen Sie einfach jede Versammlung von Personen.

Nutzen Sie zusätzlich die folgenden Situationen:

- ❑ Einladung bei Freunden
- ❑ Einladung bei Ihnen zu Hause
- ❑ Stammtisch
- ❑ Vorstellungsgespräche
- ❑ Assessment Center
- ❑ Mitarbeitergespräche

- ❑ Einstellungsgespräche
- ❑ Besprechung
- ❑ Kundenanlässe
- ❑ Schulungen
  Organisieren Sie kleine Informationsveranstaltungen, bei denen Sie Ihr Wissen mit Ihren Kollegen aus der Firma teilen.
- ❑ Hochzeiten
- ❑ Firmenjubiläen
- ❑ Begrüßung
- ❑ Verabschiedung
- ❑ Geburtstage
- ❑ Beerdingungen
- ❑ Kongresse
- ❑ Gastreden
- ❑ Weihnachtsfeier
- ❑ Firmung
- ❑ Klubabende
- ❑ Parteiversammlung
- ❑ Rhetorik-Klubs
- ❑ Debattierklubs
- ❑ Toastmasters

### *10.1.2 Übung: Witze erzählen*

Kennen Sie diese Aussage? „Ich kann einfach keine Witze erzählen." Hier gilt dasselbe wie bei allen anderen Präsentationen: Übung macht den Meister. Üben Sie und Sie werden sehen, wie Sie besser werden.

1. Rufen Sie Google auf.
2. Suchen Sie nach „Humor" und „Witze".
3. Besuchen Sie eine der Websites zu diesem Thema.

4. Wählen Sie einen Witz aus, der Ihnen gefällt.
5. Drucken Sie den Witz aus.
6. Üben Sie den Witz laut. Am besten gleich dreimal.
7. Dann üben Sie den Witz bei Ihren Kollegen, Verwandten und Bekannten, bis er richtig sitzt.
8. Viel Spaß!
9. Wiederholen Sie Schritt 1 - 7, so oft wie Sie wollen.

## *10.2 Beginn*

Wann beginnt Ihre Präsentation? Sobald Sie aufstehen. Sobald Sie aufstehen, haben Sie die Aufmerksamkeit des Publikums. Vermeiden Sie es, jetzt noch schnell das Hemd in die Hose zu stecken, die Krawatte zu richten oder die Nase zu putzen. Das macht einen schlechten Eindruck auf das Publikum, welches Sie bereits beobachtet.

Schon Ihr Gang auf die Bühne spricht Bände. Ihre Körpersprache drückt aus, wie Sie sich fühlen. Am besten, Sie haben sich mental so vorbereitet, dass das Publikum Ihnen die leichte Spannung ansieht. Üblicherweise drückt sich das durch ein Lächeln aus.

Gehen Sie auf die Bühne (bzw. an den Ort, an dem Sie präsentieren werden), schauen Sie ins Publikum, atmen Sie mindestens einmal bewusst durch und sagen Sie Ihren ersten Satz.

Tipp: Es gibt Situationen (Beispiel: Cocktail-Party, Kongress), in denen Sie erst die Aufmerksamkeit des Publikums erwecken müssen. Dies können Sie mit einem Glöckchen oder einer Klangschale tun. Genauso gut können Sie nichts sagen, aber mit gestreckten Armen und erhobenen Händen in die Runde schauen. Das bringt Ihnen die notwendige Aufmerksamkeit.

## 10.3 Regieanweisungen an sich selbst

Regieanweisungen lenken ab von Ihrer Botschaft. Sätze wie: „Oh, der Computer funktioniert nicht." oder „Wo ist der Lichtschalter?" behalten Sie lieber für sich. Versuchen Sie, die Lösung erst stillschweigend zu finden. Falls Sie nach sieben Sekunden immer noch keine Lösung haben, dann können Sie um Hilfe bitten. Alles, was kürzer als sieben Sekunden ist, nimmt das Publikum als angenehme Pause wahr, welche es zum Nachdenken nutzen kann. (Siehe Kapitel 10.7 Stimmvariation auf Seite 101.)

## 10.4 Körpersprache

Es versteht sich von selbst: Der Inhalt Ihrer Rede ist wichtig. Konzentrieren Sie sich aber ebenfalls auf die Präsentationstechnik. Denken Sie bei der Vorbereitung der Rede schon daran, mit welcher Körpersprache[31] Sie sie dem Publikum präsentieren wollen. [32]

Achten Sie auf Ihre Formulierungen. Sie enthalten oft Hinweise auf mögliche körpersprachliche Untermalung.
Beispiele:

- „Das war ein großer Fisch." zeigen Sie mit weit geöffneten Armen.
- „Das war ein schwerer Brocken." lässt Sie zusammensacken.
- „Wir gingen die Einkaufsstrasse hinunter." untermalen Sie mit einer in eine Richtung weisenden Handbewegung.

---

[31] Wer sich eingehender mit dem Thema Körpersprache auseinandersetzen will, kann bei Samy Molcho nachlesen.

[32] Wenn Sie der Meinung sind, Körpersprache lässt sich nicht lernen, dann lesen Sie bitte das Kapitel 9 Authentizität auf Seite 91.

- ❑ Um starke Gefühle zu zeigen, können Sie mit der Faust der einen Hand in die Handfläche der anderen schlagen.
- ❑ Für eine Aufzählung zählen Sie mit Ihren Fingern mit.

Merkpunkt: Es ist nur dann sinnvoll, Gesten einzusetzen, wenn diese die Botschaft unterstützen. Gesten um ihrer selbst willen bringen nichts.

Die meisten Menschen nutzen Körpersprache automatisch. Nutzen Sie diesen Umstand. Übernehmen Sie diese Fähigkeit bewusst für Ihre Reden. Wenn Sie Hand- oder Armbewegungen machen, sollten diese allerdings groß genug sein, um von allen im Publikum gesehen zu werden.

### *10.4.1 Übung: Körpersprache*

Trainieren Sie Ihre nächste Rede oder Präsentation vor dem Spiegel und achten Sie auf den Einsatz Ihrer Hände. Oder noch besser: Setzen Sie eine Videokamera ein. Danach schauen Sie sich selbst an.

Zur Abwechslung können Sie Ihren Partner bitten, Ihnen Feedback zu geben. Oder Sie engagieren einen professionellen Coach für Rhetorik und Präsentationstechnik.

## *10.5 Gesichtsausdruck / Mimik*

Der Gesichtsausdruck ist ein wichtiger Teil Ihrer Körpersprache. Vom Gesichtsausdruck können wir ablesen, ob wir glücklich, aufgebracht, besorgt oder verärgert sind. Sie sollten sich Ihres Gesichtsausdrucks bewusst sein. Verschaffen Sie sich Feedback. (Siehe Kapitel 15 Konstruktives Feedback auf Seite 150.)

Beispiel: Sie halten eine Rede zum Thema Drogenpolitik. Sie sind der Meinung, die Drogenkriminalität müsse eingedämmt werden. Es ist unpassend, wenn Sie bei diesem Thema ein Lächeln auf dem Gesicht tragen.

Das ist Ihnen bzw. dem Redner oft nicht bewusst. Aus meiner Erfahrung als Trainer und Coach weiß ich aber, der Redner ist in der Lage, seine Mimik anzupassen, wenn ich ihm entsprechendes Feedback gebe.

## *10.6 Blickkontakt*

Der Blickkontakt ist ein entscheidendes Element, um den Dialog mit dem Publikum aufzunehmen und aufrechtzuerhalten. Sie halten zwar sprachlich vorwiegend einen Monolog, aber mit dem Blickkontakt halten Sie einen Dialog. Indem Sie möglichst mit jeder Person im Raum Blickkontakt aufnehmen, geben Sie jedem Zuhörer das Gefühl, Sie seien nur für ihn da. Dies wiederum führt zu einem warmen Empfang Ihrer Rede. Außerdem geben Ihnen Ihre Zuhörer mit ihrer Körperhaltung und Mimik Rückmeldung, wie gut Sie bei ihnen ankommen. Falls Sie den Eindruck haben, es seien ein paar Fragezeichen in die Gesichter des Publikums geschrieben, dann erklären Sie etwas einfach ein zweites Mal. Dadurch entsteht ein spannender Dialog.

Tipp: Halten Sie für mindestens drei Sekunden oder einen ganzen Satz Blickkontakt.

Tabu: Sie treten auf die Bühne, lesen von Ihren Notizen ab und sagen, ohne (!) aufzuschauen: „Sehr geehrte Damen und Herren, ich freue mich, hier zu sein.“

Sie müssen um alles in der Welt ins Publikum schauen, wenn Sie das Publikum begrüßen. Es macht einen ganz schlechten Eindruck, wenn Sie die Begrüßung und die ersten fünf Sätze ablesen müssen. (Siehe Kapitel 3.9.1 Anfang und Schluss auf Seite 28.)

Während kleineren Sitzungen sitzen die Teilnehmer vielfach im Hufeisen. Ich beobachte häufig, wie der Redner in dieses Hufeisen hineingeht, jedoch nicht wieder herauskommt. Besonders die Zuschauer am linken und rechten Ende des Hufeisens sehen dann nur noch den Rücken des Referenten. Das ist schlecht. Genauso wie der Referent, welcher auf nur eine Person fixiert ist.

Tipp: Achten Sie darauf, alle Zuschauer zu 90 Prozent der Zeit im Blick zu haben.

Mit dem Blickkontakt können Sie die Zuschauer auch reaktivieren. Es ist das beste Mittel, um die Zuschauer bei der Stange zu halten. (Siehe Kapitel 12.5 Teilnehmer aktivieren auf Seite 125 und 12.6 Schwierige Teilnehmer auf Seite 126.)

### *10.6.1 Lesebrille*

Es gibt viele ältere Referenten, besonders auf den oberen Führungsebenen, welche weitsichtig sind. Diese Führungskräfte müssten eine reguläre Brille zum Lesen tragen. Leider versuchen diese Personen, dieses Problem mit einer halben Lesebrille, vorne auf der Nasenspitze aufgesetzt, zu lösen. Das sieht meines Erachtens im besten Fall professoral, im schlechtesten Fall arrogant aus.

Tipp: Arbeiten Sie mit Schlüsselworten. Schreiben oder drucken Sie diese so groß aus, damit Sie keine Lesebrille brauchen.

### *10.6.2 Übung: Blickkontakt*

Die folgende Übung hilft Ihnen, den Blickkontakt zu üben.

1. Drucken Sie fünf Bilder (am besten Portraits) von Ihnen sympathischen Personen auf separaten Blättern aus.
2. Nehmen Sie zusätzlich die Unterlagen für Ihre nächste Präsentation zur Hand.
3. Gehen Sie in den Raum, in dem Sie Ihre nächste Präsentation halten werden.
4. Kleben Sie die fünf Bilder an die Wand, so verteilt, als ob Sie ein großes Publikum hätten.
5. Halten Sie Ihre Präsentation.
6. Schauen Sie während der Präsentation abwechslungsweise die Bilder (Portraits) für drei bis fünf Sekunden an.
7. Viel Erfolg!
8. Wiederholen Sie Schritt 1 - 6, so oft Sie wollen.

## *10.7 Stimmvariation*

Wenn Sie wie der Roboter C-3PO aus dem Film Star Wars mit einer monotonen Stimme sprechen, werden Ihre Zuhörer innerhalb von wenigen Minuten einschlafen. Außerdem erhält das Publikum den Eindruck, Sie hätten keine Gefühle. Stattdessen empfehle ich Ihnen, so wie mit einem Freund zu reden. Die meisten von uns lassen dann Ihre Gefühle und Emotionen einfließen. Und das hört das Publikum in Ihrer Stimme. Ihre Stimme wird wohltuend variieren.

Die Stimmvariation ist etwas völlig Natürliches. Sie können das in vielen Situationen beobachten: Wenn jemand aufgeregt ist, spricht er schneller. Wenn jemand traurig ist, wird die Stimme tiefer und langsamer. Die Stimmlage und die Betonung können sogar die Bedeutung eines Satzes ändern.

### *10.7.1 Die sechs Elemente*

Eine gute Stimme ist im Gleichgewicht zwischen Lautstärke, Stimmlage und Geschwindigkeit, immer mit Rücksicht auf eine angenehme Tonqualität. Selbstverständlich darf dabei die gute Artikulation nicht vergessen werden. Und legen Sie bewusst Pausen ein.

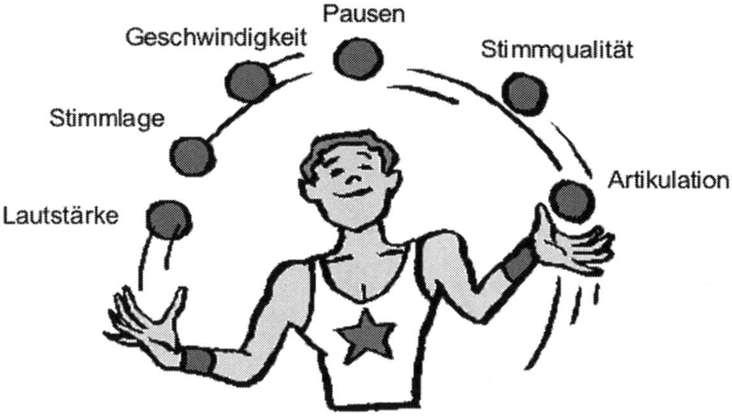


Abbildung 12: Stimmvariation: Jonglierakt mit sechs Elementen

1. Lautstärke: Variieren Sie die Lautstärke. Auf diese Weise können Sie bestimmte Stellen betonen und dramatisieren.
   Versuchen Sie es gleich selbst. Lesen Sie die folgenden Sätze und betonen Sie jeweils das fettgedruckte Wort:
   **Ja**, ich liebe Dich.
   Ja, **ich** liebe Dich.
   Ja, ich **liebe** Dich.
   Ja, ich liebe **Dich**.

2. Stimmlage: Es geht um das Auf und Ab der Stimme. Versuchen Sie, Ihre Stimmlage zu verändern. Sie können dadurch Emotionen und Überzeugung vermitteln. Eine Stimme ohne Auf und Ab wirkt monoton.
   Am Ende eines Satzes sollten Sie Ihre Stimme senken. Sonst entstehen sogenannte Girlandensätze. Würde man nämlich die Stimmlage eines Redners nachzeichnen, der am Ende des Satzes mit der Stimme nach oben geht (anstatt nach unten), entstünde das Bild einer Girlande. Das ist nicht erwünscht.

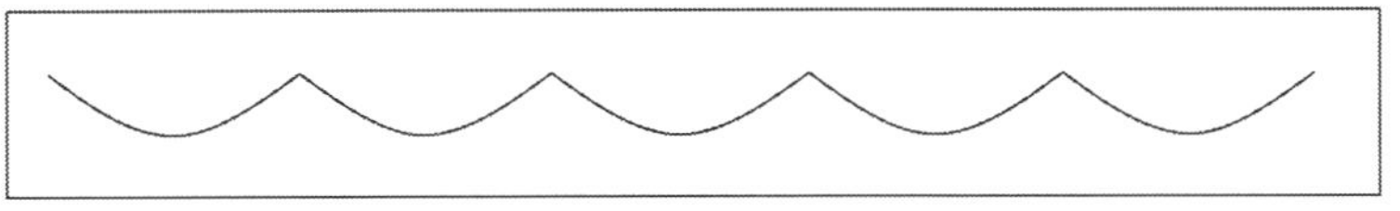

Abbildung 13: Girlandensätze

3. Geschwindigkeit: Variieren Sie Ihr Sprechtempo. Denn wenn Sie während der ganzen Präsentation das gleiche Tempo halten, entgeht Ihnen ein Element, um die Präsentation abwechslungsreicher zu gestalten. Sprechen Sie ruhig mal zwei Sätze schneller als üblich. Genauso können Sie einen Satz gerne zwischendurch langsamer sprechen. Das müssen Sie allerdings trainieren.
4. Pausen: Versuchen Sie, bewusst Pausen zu machen. Pausen können ein effektives Mittel sein, um wichtige Punkte zu unterstreichen und dem Publikum Zeit zu geben die Punkte zu verdauen. Haben Sie keine Angst, während Ihrer Präsentation Augenblicke der Stille einzubauen. Sie können Pausen bis maximal sieben Sekunden einlegen, ohne die Zuhörer zu stören. Und Sie haben die Gelegenheit zu überlegen, was Sie als nächstes sagen werden.

5. Stimmqualität: Versuchen Sie, Ihren Stimmapparat während einer Rede locker zu lassen. Redner benutzen oft einen Schluck Wasser, um eine klare Stimme zu behalten.
6. Artikulation: Versuchen Sie, alle Wörter genau zu artikulieren. Achten Sie auf die Aussprache von Endbuchstaben, wie z.B. das „t“ in „kommt“.[33]

Aus den oben genannten Punkten wird klar, die Kombination von Lautstärke, Stimmlage, Geschwindigkeit, Pausen, Stimmqualität und Artikulation tragen dazu bei, unsere Botschaft effektiv zu vermitteln. Video- und Tonbandaufnahmen sowie Feedback von anderen Personen werden Ihnen zeigen, wie Sie sprechen und wo Sie sich noch verbessern können.

### *10.7.2 Übung: Stimmvariation*

Machen Sie die beiden folgenden Übungen, um in Zukunft Ihre Stimme stärker zu variieren.

- ❑ Beobachten Sie sich während Ihrer Alltagsgespräche mit Familie, Freunden und Bekannten.
- ❑ Erzählen Sie eine persönliche Geschichte von etwas, was Sie interessiert.

Vermutlich werden Sie feststellen, dass Sie ohne sich anzustrengen ganz automatisch Ihre Stimme variieren. Übernehmen Sie diese Fähigkeit für Ihre Präsentationen. Stellen Sie sich während der Präsentation vor, Sie seien in einem Gespräch mit Freunden oder Kollegen.

---

[33] Sollten Sie feststellen, dass Sie sich trotz Anstrengung nicht verbessern, dann können Sie die Hilfe eines Logopäden in Anspruch nehmen.

### *10.7.3 Übung: Artikulation*

Wenn Sie Ihre Artikulation verbessern wollen, können Sie folgende Übung machen.

1. Nehmen Sie ein beliebiges Buch zur Hand (mein Favorit: ein Buch mit Geschichten; oder z.B. www.mondfeuer.ch).
2. Lesen Sie sich selbst, Ihren Kindern oder einem Bekannten daraus vor und zwar in der Sprache, die Sie üben wollen.
3. Hören Sie sich selbst zu.
4. Wiederholen Sie die Sätze, die Sie nicht einwandfrei gesprochen haben.
5. Viel Erfolg!
6. Wiederholen Sie Schritte 1 bis 4, so oft Sie wollen.

### *10.7.4 Übung: Stimme stärken*

Es gibt verschiedene Übungen, welche helfen, Ihre Stimme zu stärken. Eine, welche den meisten Leuten Spaß macht, ist Singen. Sie können frei singen oder sich der Möglichkeiten des Internets bedienen. Im letzteren Fall können Sie eine Karaoke-Software herunterladen. Und schon entwickeln Sie sich zum Music Star[34]. Also auch etwas für diejenigen, welche von allein den Ton nur schlecht treffen.

1. Gehen Sie auf die Website www.vanbasco.com.
2. Laden Sie sich unter Downloads die Gratis-Software „vanBasco's Karaoke Player“ (ca. 1 MB) herunter. (Merken Sie sich, wo die Datei gespeichert wird.)
3. Doppelklicken Sie die .exe-Datei. (Dadurch wird die Software installiert.)

---

[34] In Deutschland bekannt als: Deutschland sucht den Superstar.

4. Starten Sie das Programm vanBasco's Karaoke Player.
5. Wählen Sie ein Lied, welches Ihnen gefällt. (Oder klicken Sie auf die Lupe und laden Sie weitere Lieder vom Internet herunter.)
6. Klicken Sie auf „Play".
7. Singen Sie mit.
8. Viel Spaß!
9. Wiederholen Sie Schritte 5 bis 7, so oft Sie wollen.

# 11 Sprache

## *11.1 Dialekt / Fremdsprache*

Lassen Sie sich nicht entmutigen, wenn die Sprache Ihrer Präsentation nicht Ihre Muttersprache ist. Ich habe es beispielsweise als Schweizer zum doppelten Rhetorik-Europameister im Hochdeutschen gebracht.

Sie müssen sich gut vorbereiten. Die Redewendungen wechseln von Sprache zu Sprache. Und dies beginnt bereits beim Wechsel von Schweizerdeutsch auf Hochdeutsch. Genauso ist es, wenn Sie eine Präsentation auf Englisch oder in einer anderen Sprache halten wollen. Am besten, Sie planen fürs Proben extra viel Zeit ein.

Oft gelingt es sogar den Dialekt zu seinen Gunsten einzusetzen. Hat es nicht Charme, wenn eine Französin mit ihrem Akzent Deutsch spricht?

## *11.2 Fachbegriffe / Anglizismen*

Das Thema Fachbegriffe hat vor allem mit der Publikumsanalyse (siehe Kapitel 3.2 Analyse der Zielgruppe auf Seite 20) zu tun.

Tipp: Weniger ist mehr. Beschränken Sie sich auf die unbedingt notwendigen Fachbegriffe und Anglizismen und erklären Sie diese kurz.

Weshalb jemand von „files“ statt Dateien, von „BIP“ statt von Bruttoinlandprodukt (Maß für die wirtschaftliche Leistung einer Volkswirtschaft) und von „challenge“ statt Herausforderung sprechen muss, leuchtet mir meistens nicht ein – und ich behaupte, dem Publikum ebenso wenig.
Wenn Sie Fachbegriffe oder Anglizismen einsetzen, empfehle ich Ihnen, diese Begriffe zu erklären.

Dies gilt insbesondere ebenso für Abkürzungen. Jede Firma hat schätzungsweise 50 Abkürzungen, welche nur für Eingeweihte verständlich sind.

### *11.2.1 Fallstudie: Abkürzungen*

Ich erinnere mich an eine Geschichte einer Kollegin aus der Unternehmensberatung. Sie war bereits seit drei Monaten auf einem Projekt eines Kunden. Das Projekt sollte die Kosten senken. Der Fachbegriff WACC wurde in den Geschäftsleitungssitzungen immer wieder eingesetzt. Alle gingen davon aus, alle wüssten, wovon die Rede war. Bis an dem Tag, an dem der CEO die Kollegin zur Seite nahm. Seine Frage an sie: „Was bedeutet WACC?“ Ihre Antwort: „Weighted average cost of capital“. Auf Deutsch: die gewichteten durchschnittlichen Kapitalkosten. Also was es kostet, Geld zur Verfügung zu haben, um damit in der Firma zu arbeiten. Der CEO hatte also während Monaten bei den Sitzungen teilgenommen, ohne zu wissen, wovon jeweils die Rede war.

🎬 Tipp: Setzen Sie nur wenige Vorkenntnisse voraus. Machen Sie keine Annahmen. Erklären Sie einfach kurz die Begriffe. Nach Möglichkeit setzen Sie Begriffe aus der eigenen Sprache ein.

## *11.3 Ausdrucksweise*

Je besser Sie sich ausdrücken, desto eher werden Sie Ihre Zuhörer in Ihren Bann ziehen.

Vermeiden Sie:

1. Füllwörter: wie „äh“ und dergleichen. Lassen Sie außerdem das Wort „und“ zwischen Sätzen weg, bei denen Sie einen Punkt setzen können. Machen Sie besser eine Pause.

2. Floskeln: wie „oder?“ (speziell in der Schweiz beliebt), „ok“, „ehrlich gesagt“, „wie ich meine“, „überflüssig zu sagen“, „ehrlich gesagt“, „wie allgemein bekannt“, „gell“ und „ne?“ am Ende eines Satzes.
3. Konjunktive: wie „ich möchte Sie jetzt herzlich zum heutigen Vortrag begrüßen“. Besser, Sie sagen: „Ich begrüße Sie herzlich zum heutigen Vortrag.“ Oder kürzer: „Herzlich willkommen.“
4. Weichmacher: wie „eigentlich“, „eigentlich gut“ und „vielleicht“. Diese Wörter verwässern Ihre Aussage. Sätze wie „Eigentlich möchte ich an dieser Stelle meiner Freude Ausdruck geben.“ sind schwächer als „Ich freue mich.“. Der Satz „Ich finde es eigentlich gut.“ ist nicht klar. Finden Sie es nun gut oder nicht?
5. Worthülsen: wie „effizient“, „vernetzt“, „innovativ“, „flexibel“, „ganzheitlich“.
6. Passivsätze: wie „Die Zuschauer wurden vom Vorsitzenden begrüßt.“ Aktivsätze haben mehr Elan und erregen mehr Aufmerksamkeit: „Der Vorsitzende begrüßte die Zuschauer.“

Merken Sie sich als Grundregel (siehe Tabelle unten):

Je besser Sie alle anderen Aspekte einer guten Rede beherrschen, desto schlechter kann Ihre Ausdrucksweise sein. Der Umkehrschluss gilt auch: Je schlechter die anderen Aspekte, desto besser sollten Sie sich ausdrücken. Das heißt beispielsweise, dass die Zuhörer einem ansonsten guten Redner die „ähs“ locker verzeihen werden, bei einem ansonsten schlechten Redner aber dazu übergehen werden, jedes „äh“ zu zählen.

Die folgende Matrix dient zur Veranschaulichung der vorher genannten Regel.

| | Alle anderen Aspekte sind schlecht | Alle anderen Aspekte sind gut |
|---|---|---|
| Schlechte Ausdrucksweise | Hier wird es schwierig. Am Besten Sie überlassen das Podium jemand anderem. | Füllwörter, Floskeln, Konjunktive und Weichmacher werden Ihnen weitestgehend verziehen. |
| Gute Ausdrucksweise | Arbeiten Sie an allen anderen Aspekten einer guten Rede. | Sie haben die Voraussetzungen zum gut bezahlten (Gast-) Redner geschaffen. |

Abbildung 14: Ausdrucksweise: Grundregel

# 12 Schwierige Situationen

Schwierige Situationen gibt es immer und überall. Selbst nach jahrelanger Unternehmensberater-, Referenten- und Trainertätigkeit werde auch ich unregelmäßig mit schwierigen Situationen konfrontiert. Viele der folgenden Empfehlungen für den Umgang mit schwierigen Situationen habe ich selbst erfolgreich ausprobiert und wende sie bei Bedarf an.

## *12.1 Nervosität*

Ein Redner ohne Nervosität und der damit verbundenen Energie ist wie ein Ferrari mit dem Motor eines Fiat 500: Es wird für die Teilnehmer eine ganz langweilige Fahrt. Nervosität ist ein sicheres Kennzeichen für eine Rede, die noch nicht zur Routine verkommen ist: Die Rede hat noch Dynamik. Ein Stück Nervosität wird stets präsent sein, es kommt einzig auf den richtigen Umgang mit der Nervosität an. Nervosität ist nichts anderes als Energie. Machen Sie sich also keine Sorgen: Nervosität ist nicht nur normal, sondern gut für die Spannung Ihrer Rede. Entscheidend ist nur, diese Energie positiv umsetzen zu können.

### *12.1.1 Mentale Vorbereitung*

Bereiten Sie sich mental vor. Ihre Nervosität hat damit zu tun, was zwischen Ihren beiden Ohren abgeht. Entscheidend ist, was Sie denken. An dieser Stelle will ich Ihnen ein paar nützliche Gedanken auf den Weg geben.

Sie können es nicht allen recht machen. Nicht jeder im Publikum wird Sie mögen. Doch lassen Sie sich nicht von den wenigen aus dem Konzept bringen.

Gemäß Paul B. Evans[35], einem Kommunikationstrainer aus den USA, gilt die folgende Regel: 2 - 2 - 96. Zwei Prozent der Teilnehmer sind der Meinung, sie hätten noch nie etwas Besseres gehört und gesehen. Sie sind begeistert. Weitere zwei Prozent sind der Meinung, Ihre Präsentation war eine totale Katastrophe. 96 Prozent der Zuschauer waren zufrieden, haben etwas gelernt, würden wiederkommen. Fokussieren Sie sich auf die 96 Prozent.

Außerdem soll es Personen geben, welche auf Sie neidisch sind, weil Sie im Rampenlicht gestanden haben. Um ein bisschen vom Licht abzukriegen, fällt diesen Personen nichts Besseres ein, als Sie öffentlich zu kritisieren.

Erinnern Sie sich an die positiven Kommentare, bzw. manchmal müssen Sie sich diese aktiv holen. Gerade im deutschsprachigen Raum besteht nämlich die Tendenz, die Stärken für selbstverständlich zu nehmen und gleich auf die Schwachstellen zu zeigen. Fragen Sie aktiv nach den Dingen, die aus der Sicht eines Publikumsteilnehmers gut waren. Bauen Sie Ihr Selbstbewusstsein an den positiven Kommentaren auf. Schenken Sie vorläufig den negativen Bemerkungen keine Beachtung.

Lassen Sie sich nicht von Gedanken wie: „Es könnte ja sein, dass alle den Saal verlassen." aus dem Konzept bringen. Konzentrieren Sie sich darauf, dem Publikum einen Mehrwert zu bringen. Sie können dem Publikum etwas geben, was es vorher nicht wusste. Übrigens, selbst wenn alle den Saal verlassen würden, wäre das lange kein Weltuntergang. Sondern eine geniale Geschichte, welche Sie noch Ihren Enkelkindern erzählen können und werden. Wetten?

Entscheidend ist, sich während der Präsentation auf das Ziel zu konzentrieren. Lassen Sie sich nicht vom Gedanken leiten: „Hoffentlich ist

---

[35] www.instantspeakingsuccess.com

es schon bald vorüber." Das Publikum soll mit etwas nach Hause gehen, was es vorher noch nicht hatte. Insofern ist es erstrebenswert, aber nicht absolut notwendig, eine Bombenpräsentation zu halten.

Und übrigens, ich habe bisher nie ein Publikum erlebt, welches mit faulen Tomaten bestückt an eine meiner Gastreden oder eine Präsentation meiner Coaching-Kunden gekommen ist. Genauso wenig war das zu der Zeit der Fall, als ich als Unternehmensberater gearbeitet habe. Im schlimmsten Fall ist das Publikum neutral gestimmt. Es harrt mal der Dinge, die da passieren. Im Normalfall will das Publikum sogar Ihren Erfolg sehen. Wer schaut schon gern tatenlos jemandem zu, der etwas falsch macht. Das Publikum ist Ihnen wohlgesinnt. Achten Sie darauf, dem Publikum etwas zu geben, was es brauchen kann. Dann wird es immer auf Ihrer Seite sein.

### *12.1.2 Nervosität lange vorher*

Wie können Sie bereits lange vor der Präsentation mit Nervosität umgehen bzw. sie reduzieren?

- ❑ Klein anfangen: Wählen Sie nicht gleich eine nationale Versammlung mit tausend Zuhörern.
- ❑ Kontinuierlich steigern: Fangen Sie beispielsweise damit an, dass Sie während einer Versammlung Fragen stellen, oder einen anderen Redner vorstellen, oder eine kleine Informationsveranstaltung für Mitarbeiter machen.
- ❑ Dinge tun, welche einer Rede ähnlich sind: Beispielsweise können Sie einen Text laut lesen, mit fremden Leuten sprechen, oder Freunden von Ihrem letzten Urlaub erzählen.
- ❑ Gut vorbereiten: Versetzen Sie sich in die Situation der Präsentation. Welche Fragen könnten gestellt werden? Welches zusätzliche Material sollten Sie dabeihaben?

- ❑ Kurze Übungseinheiten machen: Es ist, besser mehrmals während 15 Minuten zu üben als am Vortag der Präsentation während zwei Stunden.
- ❑ Jede Gelegenheit nutzen: Auch Telefongespräche, Sitzungen und Diskussionen sind Gelegenheiten, um besser zu werden.
- ❑ Üben, üben, üben: Holen Sie sich Feedback von Kollegen, Mitarbeitern und, falls möglich, nehmen Sie sich auf Video auf und schauen sich das Video jeweils kritisch an.
- ❑ An unterschiedlichen Orten üben: Üben Sie Ihre Rede z.B. einmal in Ihrem Büro, einmal zu Hause und einmal auf dem Pausenhof. Sie werden dadurch weniger schnell in Situationen kommen, die Ihnen Schwierigkeiten bereiten.
- ❑ Mentales Training: Stellen Sie sich vor, wie Sie Erfolg haben. Dann werden Sie Erfolg haben.[36] Dieses Prinzip ist bei Spitzensportlern stark verbreitet. Beispielsweise stellt sich ein Skifahrer vor, wie er die Abfahrt runterfährt. Diese mentale Übung allein hilft ihm, die echte Abfahrt besser zu fahren.
- ❑ Die Lokalität kennen lernen:
  Seien Sie frühzeitig (in der Woche davor, am Vortag, aber mindestens 30 Minuten vor der Präsentation) im Raum, in dem die Präsentation stattfinden wird. Schauen Sie sich die technische Einrichtung an und vergewissern Sie sich, dass alles funktioniert.
- ❑ Zuschauer objektiver einschätzen:
  Gerade in firmeninternen Präsentationen sind Ihnen die Zuschauer üblicherweise freundlich gesinnt.[37] Gehen Sie davon aus, dass Sie den

---

[36] Ein Zitat von Henry Ford drückt das sehr schön aus: „If you think you can or you cannot, you are always right."

[37] Dies mag an einer Pressekonferenz anders sein.

Zuschauern etwas zu bieten haben. Gehen Sie davon aus, dass Sie das Interesse des Publikums geweckt haben. Andernfalls wären die Zuschauer nicht gekommen.

- Grimmige Gesichter: Manche Redner werden im Angesicht des Publikums nervös. Besonders, wenn ein paar Teilnehmer im Publikum sitzen, welche die Arme verschränkt halten und die einen grimmigen Gesichtsausdruck an den Tag legen.

  Tipp 1: Orientieren Sie sich an den Zuschauern, welche einen freundlichen, interessierten Eindruck auf Sie machen. Jedes freundliche Gesicht macht Sie selbstsicherer. Wenn Sie genug Selbstsicherheit gewonnen haben, können Sie versuchen, die grimmigen Personen ebenfalls mit einzubeziehen.

  Tipp 2: Lernen Sie die Zuschauer kennen. Nutzen Sie die Zeit vor dem Beginn Ihres Vortrags, die Teilnehmer zu begrüßen und mit Ihnen ins Gespräch zu kommen. Damit schaffen Sie sich die ersten freundlichen Gesichter im Publikum.

### *12.1.3 Nervosität kurz vorher*

So können Sie kurz vor der Rede mit Nervosität umgehen:

- Lampenfieber / Schmetterlinge im Bauch: Versuchen Sie, durch Lockerungs- und Atemübungen die Anspannung zu reduzieren. (Siehe Kapitel 12.1.5 Übungen: Atmen auf Seite 117.)
- Schnelles oder schwieriges Atmen: Atmen Sie bewusst mehrere Male tief aus und ein.

  Tipp: Konzentrieren Sie sich auf das Ausatmen. Einatmen werden Sie von allein. Warten Sie zwei Sekunden, bevor Sie wieder einatmen. Dann atmen Sie wieder aus.

- Medikamente gegen Nervosität sind nicht empfehlenswert! Viele Medikamente haben Nebenwirkungen, welche Ihren Auftritt beeinträchtigen können. Außerdem verschaffen Ihnen die Medikamente ein falsches Gefühl von Sicherheit. Das Gleiche gilt für Alkohol.

### *12.1.4 Nervosität während der Rede*

So können Sie mit Nervosität während der Rede umgehen:

- Nervosität als erwünschte Energie: Ihre Präsentation kann dadurch dynamischer werden.
- Mit einer für Sie wichtigen Botschaft beginnen: Präsentieren Sie ein Thema, welches Sie beherrschen und für Sie wichtig ist. Das wird Ihnen einfacher fallen.
- Trockener Mund: Stellen Sie sicher, dass ein Glas Wasser zur Verfügung steht.
- Zitternde Hände und Beine: Machen Sie große Gesten. Das hilft einen Teil der überflüssigen Energie abzubauen.
- Zitternde Hände: Vermeiden Sie den Einsatz eines Laserpointers für die Leinwand und eines Zeigestifts auf dem Hellraumprojektor. Beides macht Ihre Nervosität um ein Vielfaches sichtbarer. Dies gilt auch für A4-grosse Blätter in der Hand. Diese fangen an zu zittern.
- Versagende Stimme: Atmen Sie tief durch und sprechen Sie lauter. Nehmen Sie einen Schluck Wasser.
- Blickkontakt mit dem Publikum: Schauen Sie den Personen in die Augen, welche Ihnen gut gesinnt sind. Ein freundliches Lächeln aus dem Publikum wird Ihnen gut tun und Ihre Nervosität reduzieren.

### *12.1.5 Übungen: Atmen*

Ich empfehle Ihnen drei Übungen, welche ich aus meinen Erfahrungen mit Aikido und aus der Literatur entnommen habe. Sie werden Ihnen helfen, normal zu atmen und die Nervosität zu reduzieren.

1. Machen Sie einen Spaziergang ums Haus oder gehen Sie ein paar Mal den Gang auf und ab. Die Idee ist, dass Sie durch Bewegung regelmäßig atmen und das überschüssige Adrenalin abbauen.
2. Wenn Sie unbeobachtet sind: Sie haben die Möglichkeit, außerhalb des Raumes der Präsentation zu warten. Stehen Sie aufrecht und schulterbreit. Führen Sie die Hände vor dem Körper zusammen. Die Arme zeigen nach unten. Die Handflächen weisen nach oben. Schließen Sie die Augen. Atmen Sie durch die Nase ein. Gleichzeitig führen Sie die Hände vor dem Körper nach oben – geradewegs über den Kopf. Atmen Sie durch den Mund aus. Drehen Sie die Handflächen nach außen. Gleichzeitig führen Sie die Hände je auf den Seiten des Körpers im Kreis wieder nach unten. Wiederholen Sie diese Übung zehn Mal.
3. Wenn Sie beobachtet werden: Sie sitzen im Publikum und warten auf Ihren Auftritt. Setzen Sie sich auf die Stuhlkante, Blick in Richtung Bühne. Machen Sie einen geraden Rücken. Beine schulterbreit. Hände locker auf die Knie gelegt. Schließen Sie die Augen. Atmen Sie durch den Mund aus. Atmen Sie durch die Nase ein. Wiederholen Sie diese Übung zehn Mal.

## 12.2 Steckenbleiben

Selbst dem besten Redner kann es passieren, dass ihm ein Begriff nicht mehr in den Sinn kommt oder dass er nicht mehr weiter weiß. Was ihn von einem Anfänger unterscheidet, ist, dass er sich dadurch nicht aus der Fassung bringen lässt. Benutzen Sie die folgenden bewährten Redewendungen, um den roten Faden wieder zu finden:

- ❑ „Ich fasse kurz zusammen."
- ❑ „Ich betone abermals ganz besonders, dass …"
- ❑ „Lassen Sie mich die letzten Gedanken etwas genauer erläutern."
- ❑ „Hier den richtigen Ausdruck zu finden, ist gar nicht so leicht. Können Sie mir helfen?" Das Publikum wird Ihnen zur Hilfe kommen.
- ❑ Nehmen Sie Ihre Notizen zur Hand und schauen Sie nach, wie es weiter geht. Sagen Sie während dieser Zeit nichts. Das Publikum wird Ihnen für die Pause sogar dankbar sein, denn es hat Zeit, das von Ihnen eben Gesagte zu reflektieren.

🎬 Tipp: Machen Sie die Zuschauer nicht auf Ihre Fehler aufmerksam. Nur Sie wissen, dass Ihnen ein Fehler unterlaufen ist. Meistens merken die Teilnehmer gar nichts davon.

## 12.3 Redeangst

Eine amerikanische Studie[38] will herausgefunden haben, dass die Angst vor Publikum zu reden größer ist als die Angst vor dem Tod. Dieses Ergebnis müsste erstaunen, weil es doch eher selten passiert, dass jemand während oder kurz nach einer Rede stirbt. Und trotzdem haben viele Personen Angst vor dem Reden.

---

[38] David Wallechinsky et al., The Book of Lists, WM Morrow & Co., Inc., New York, 1987.

### *12.3.1 Vier-Stufen-Ansatz*

Falls Sie von Redeangst betroffen sind, stellt sich die Frage, wie Sie damit umgehen können. Ich empfehle den folgenden, lösungsorientierten Vier-Stufen-Ansatz.

1. Nehmen Sie ein Blatt in der Größe A4 quer.
2. Machen Sie vier Spalten.
3. Schreiben Sie in die erste Spalte, was Sie befürchten, bzw. was Ihnen Angst macht. Wie wird sich Ihre Angst manifestieren?
4. In die zweite Spalte schreiben Sie die Antwort auf die Frage: Welches ist der konkrete Grund?
5. In die dritte Spalte schreiben Sie die Konsequenzen.
6. In die vierte Spalte schreiben Sie eine mögliche Lösung.

Auf www.descubris.ch finden Sie das Arbeitsblatt zu diesem Ansatz zum Runterladen.

| Nr. | Angst | Konkreter Grund | Konsequenzen |
|---|---|---|---|
| 1 | Ich habe Angst mich zu blamieren. | Ich werde einen Teil der Rede vergessen. | Die Zuschauer erhalten nicht alle Informationen. |
| 2 | Ich fürchte, meine Folien sind überladen. | Die Folien folgen nicht dem KISS-Prinzip. | Die Zuschauer lesen ab, anstatt mir zuzuhören. |
| 3 | Ich befürchte, dass meine Hände zittern und meine Knie schlottern. | Ich spreche vor mehr Personen als üblich. | Ein paar Zuschauer werden von der Hauptbotschaft abgelenkt. |

| Nr. | Angst | Konkreter Grund | Konsequenzen |
|---|---|---|---|
| 4 | Ich werde stecken-bleiben. | Ich habe mich zu wenig vorbereitet. | Die Zuschauer erhalten nicht alle Informationen. |
| 5 | Keiner findet mich unterhaltend. | Das Material wird ohne persönliche Erlebnisse präsen-tiert. | Es entsteht eine Distanz zum Pub-likum. |
| 6 | Ich bin langweilig. | Ich habe eine ne-gative innere Ein-stellung oder ich bin schlecht vorbe-reitet oder ich habe keine Geschichten zu erzählen. | Die Zuschauer langweilen sich. |
| 7 | Ich werde mich verhaspeln. | Innere Ruhe und Selbstbewusstsein fehlen. | Die Zuschauer haben Mühe, dem Vortrag zu folgen. |
| 8 | Ich werde verges-sen, wo ich in der Rede bin. | Die Notizen sind schlecht vorberei-tet. | Die Zuschauer verlieren den Fa-den. |
| 9 | Mein Mund wird austrocknen. | Ich habe zu wenig Übung. | Ich bin auf den hinteren Plätzen schwer verständ-lich. |

Abbildung 15: Beispiele für Redeangst

Vergleichen Sie Ihre Überlegungen mit den folgenden Lösungsansätzen, welche zu den Nummerierungen oben passen.

1. Stichwortzettel einsetzen.
2. Die Folien nach dem KISS-Prinzip erstellen. (Siehe Kapitel 13.3.1 KISS-Prinzip auf Seite 134.)
3. Sie setzen Atemübungen ein. (Siehe Kapitel 12.1 Nervosität auf Seite 111 für zusätzliche Ansatzpunkte.)
4. Üben Sie, was Sie tun oder sagen, wenn Sie stecken bleiben. (Siehe Kapitel 12.2 Steckenbleiben auf Seite 118.)
5. Erzählen Sie Geschichten. Üben Sie die Geschichten bei Ihren Freunden.
6. Nehmen Sie sich auf Video auf und schauen Sie sich Ihre Präsentation an. Sind Sie selbst gelangweilt?
7. Üben Sie im Vorfeld, mit der Zeit umzugehen. Machen Sie einen Plan, in dem klar ersichtlich ist, wie Ihre Zeitvorgaben sind.
8. Gehen Sie Ihre Notizen vorgängig durch. Üben Sie Pausen zu machen. Werfen Sie übungshalber Ihre Notizblätter mal auf den Boden und ordnen Sie sie neu.
9. Nehmen Sie ein Glas Wasser mit zum Podium. Machen Sie ab und zu eine Pause und nehmen Sie einen Schluck.

### *12.3.2 Des Teufels Advokat*

Spielen Sie ruhig mal des Teufels Advokat. Sie versuchen, in einem ersten Schritt zu überlegen, was alles bei Ihrer Präsentation schiefgehen könnte. Schreiben Sie sich diese Punkte auf. Es ist wichtig, dass Sie diese Übung schriftlich machen. Im zweiten Schritt überlegen Sie, wie sie jede einzelne Schwierigkeit aus dem Weg räumen können. Sie werden sehen, es gibt nichts, was nicht lösbar ist.

### *12.3.3 GAU*

Hilft Ihnen des Teufels Advokat nicht weiter, versuchen Sie Folgendes: Welches ist der GAU – größter anzunehmender Unfall?

1. Was würde passieren, wenn Ihnen die Präsentation nicht wünschgemäß gelingt? Versagende Stimme, Schweißperlen laufen Ihnen von der Stirn in die Augen, die Zuhörer verlassen den Raum?
2. Was würde passieren, wenn Ihnen ein Lüftchen mitten in Ihrem Vortrag entfährt?[39]
3. Was wäre, wenn die Zuschauer Sie mit faulen Tomaten bewerfen würden?

Alles halb so schlimm. Im ersten Fall können Sie sich trösten mit: beim nächsten Mal wird es besser. Im zweiten Fall haben Sie maximal zur Stimmvariation beigetragen. Im dritten Fall haben Sie eine geniale Geschichte für alle zukünftigen Reden. In allen drei Fällen haben Sie etwas fürs nächste Mal gelernt.

### *12.3.4 Positive Visualisierung*

Sie können zusätzlich die Kraft der positiven Visualisierung nutzen. Anstatt negative Gedanken zu pflegen, ersetzen Sie sie mit positiven Gedanken. Die sich selbst erfüllende Prophezeiung funktioniert nämlich ebenso im positiven Sinne.

---

[39] Ich habe das schon erlebt. Der Redner sagte daraufhin: „Ein bisschen Stimmenvielfalt hat noch keinem Vortrag geschadet.“ Es folgte heiteres Gelächter.

| Negative Einstellung | Positiver Ersatz |
|---|---|
| Hoffentlich vergesse ich nichts. | Ich bin gut vorbereitet. Ich kann jederzeit meine Stichwortzettel konsultieren. Entsprechend werde ich an alles denken. |
| Die Präsentation ist ein Misserfolg, wenn nicht alle Zuschauer begeistert sind. | Die Präsentation ist ein Erfolg, wenn die Mehrzahl der Zuschauer etwas Neues mitnehmen kann. |
| Ich werde wieder hunderte von Füllwörtern einsetzen. | Ein paar wenige Füllwörter werden gar nicht wahrgenommen, es sei denn, ich mache das Publikum darauf aufmerksam. |
| Ich werde ein Blackout haben. | Ich habe die Präsentation mehrmals geübt. Ich kenne deren Struktur. |
| Der Erfolgsdruck ist mir zu groß. Ich bin gestresst. | Auch wenn ich mich nicht besonders gut fühle, bin ich gelassen. |
| Mein Akzent ist so stark, dass mich die Zuschauer nicht verstehen werden. | Ich setze den Akzent zu meinen Gunsten ein. Außerdem werden sie sich auf den Inhalt konzentrieren. |
| Ich werde die Fragen nicht beantworten können. | Ich habe das Thema ausreichend recherchiert und kann jede vernünftige Frage beantworten. Ich kann Antworten später nachliefern. |

Abbildung 16: Kraft der positiven Visualisierung

## *12.4 Umgang mit Fragen*

Oft ist es angezeigt, nach einer Präsentation Fragen zuzulassen. Überlegen Sie sich im Vorfeld, welche Fragen kommen könnten. Bereiten Sie sich auf diese Fragen vor. Falls Ihnen selber viele Fragen einfallen, sollten Sie sich wahrscheinlich nochmals Gedanken zum Inhalt Ihres Vortrags machen. Es kann auch während einer Präsentation angezeigt sein, Fragen zu beantworten. Ich empfehle Ihnen, folgendermaßen mit Fragen des Publikums während der Präsentation umzugehen:

- ❑ Nehmen Sie die Frage und den Fragenden bewusst wahr.
- ❑ Wiederholen Sie die Frage so, dass Sie von allen gehört werden kann.
- ❑ Beantworten Sie die Frage oder stellen Sie sie zurück, d.h. notieren Sie die Frage für die spätere Beantwortung z.B. auf ein Flip-Chart.
- ❑ Vermeiden Sie es, eine Diskussion mit einem Publikumsmitglied anzufangen. Wenn Sie dies tun, fühlt sich der Rest des Publikums ausgeschlossen.
- ❑ Stellen Sie den Bezug zu Ihrer Präsentation her.
- ❑ Geben Sie die Frage ins Publikum. Lassen Sie die Frage von jemandem im Publikum beantworten.
- ❑ Unpassende oder unangebrachte Fragen können Sie ruhig als solche identifizieren. Stellen Sie sie zurück. Wenn möglich: Begegnen Sie einer solchen Frage mit Humor.

🎬 Tipp: Sie sollten die Frage mit Blickkontakt zur gesamten Gruppe beantworten, nicht ausschließlich zum Fragesteller.

## *12.5 Teilnehmer aktivieren*

Welche Methoden gibt es, um ein Publikum aus der Lethargie zu wecken?

Sie können:

- All die Methoden eines wirkungsvollen Auftritts einsetzen, welche in diesem Buch beschrieben sind. Je besser Ihre Präsentation, desto weniger haben die Zuschauer das Verlangen nach Schlaf.
- Dafür sorgen, dass die Temperatur im Raum angenehm kühl ist. Besser ein wenig zu kühl als zu warm.
- Dafür sorgen, dass der Raum hell ist. Schalten Sie die Lampen ein.
- Das Publikum mit einbeziehen, z.B. am Flip-Chart zusammen ein Thema erarbeiten / visualisieren.
- Blickkontakt pflegen.
- Fragen stellen (offene und geschlossene, je nach Bedarf).
- Abstimmungen durchführen.
- Murmelgruppen zulassen.
- Erfahrungen erzählen lassen.
- Anschauungsmaterial zeigen.
- Sich im Raum bewegen.
- Die Teilnehmer auffordern, aufzustehen und einmal um den Raum zu gehen.

## *12.6 Schwierige Teilnehmer*

Bestimmt haben Sie auch schon Präsentationen erlebt, bei welchen bestimmte Teilnehmer mit der Präsentation, dem Redner oder einem anderen Umstand nicht einverstanden waren. Wie können Sie mit diesen Teilnehmern umgehen?

- ❑ Versuchen Sie, mögliche Fragen dieser Teilnehmer vorherzusehen und wenn möglich vorwegzunehmen.
- ❑ Erkennen und überarbeiten Sie die Schwachstellen in Ihrer Präsentation.
- ❑ Bauen Sie Beziehungen gerade zu diesen Teilnehmern auf.
- ❑ Wiederholen Sie die Frage mit Ihren eigenen Worten, um sicherzugehen, dass Sie die Frage richtig verstanden haben. Sie zeigen dadurch Offenheit und Verständnis für den Teilnehmer.
- ❑ Geben Sie die Frage ans Publikum weiter.
- ❑ Bleiben Sie glaubwürdig. Versuchen Sie nicht, sich Antworten aus den Fingern zu saugen, sondern stehen Sie ebenso zu Dingen, welche Sie nicht wissen. Offerieren Sie, die offenen Fragen abzuklären und in einem Telefongespräch oder per E-Mail zu einem späteren Zeitpunkt zu beantworten.
- ❑ Kontrollieren Sie Ihre Emotionen. Bleiben Sie freundlich und sachbezogen. Nehmen Sie Aussagen, Fragen oder Einwände auf die Sachebene. Gehen Sie mit der Einstellung heran, dass es dem Fragenden nicht um Sie, sondern ums Thema geht. Ganz unter dem Motto: „Der Fragende meint es gut. Er hat die Frage nur nicht optimal formuliert."
- ❑ Bleiben Sie nach der Präsentation unbedingt im Raum, um so schnell wie möglich Unstimmigkeiten aus dem Weg zu räumen.

## 12.7 Störungen und Unterbrechungen

Störungen und Unterbrechungen, sei es durch schwatzende Teilnehmer oder jemand anderen, lassen sich vermeiden. Setzen Sie die folgenden Methoden in absteigender Reihenfolge ein:

1. Blickkontakt aufnehmen: Schauen Sie den Störer an. Oft wird das bereits dazu führen, dass die Störung aufhört.
2. Sprechpause machen: Angenommen, zwei Zuhörer tuscheln miteinander. Sagen Sie nichts. Die beiden werden nach vorne schauen. Sie wollen wissen, wieso es plötzlich ruhig ist.
3. Den Störer mit einbeziehen: Meist hat eine Ihrer Bemerkungen einen Gedanken im Zuhörer ausgelöst, den er unbedingt mit seinem Nachbarn teilen will. Fordern Sie ihn dazu auf, den Gedanken mit der Gruppe zu teilen.
4. Im Raum bewegen: Sie sind ein Energiebündel. Bewegen Sie sich auf die Störer zu. Sie hören von selbst auf.
5. Durch die Reihen gehen: Stellen Sie sich einfach hinter den Störer. Erzählen Sie ganz normal weiter. Der Störer wird fühlen, wie alle Augen auf ihn gerichtet sind. Er wird sofort aufhören mit dem Nachbarn zu sprechen oder SMS-Nachrichten zu verschicken.
6. Pause machen: Machen Sie eine Pause, um die Störung mit der betreffenden Person zu besprechen. Vereinbaren Sie das weitere Verhalten.
7. Regeln vereinbaren: Sprechen Sie mit der Gruppe über die Störungen. Vereinbaren Sie Regeln für das weitere Vorgehen.

# 13 PowerPoint

Haben Sie PowerPoint in 15 Minuten gelernt? Willkommen im Klub. Die meisten Personen verbringen weniger als eine halbe Stunde damit, PowerPoint[40] zu lernen. Obwohl die Software für mehr erste Eindrücke von Ihnen und Ihrer Firma verantwortlich zeichnet als irgendetwas anderes. Meistens ist das eine der Quellen dafür, wieso die Präsentation kein Erfolg wird. Übrigens: PowerPoint ist nicht die eierlegende Wollmilchsau für eine gute Präsentation. Oft artet es leider genau ins Gegenteil aus. Es werden beispielsweise so viele Folien präsentiert, dass sich das Publikum wie in einem Film vorkommt. Oder die Folien sind so dicht beschrieben, dass sie keiner lesen kann. Außerdem wird PowerPoint bereits von so vielen Personen eingesetzt, dass Sie sich ohne dessen Einsatz wohltuend von der Menge abheben können. PowerPoint soll nicht als Ersatz für die eigene Präsentationsleistung dienen, sondern nur als Unterstützung.

Selbstverständlich gibt es viele Situation, für die sich der Einsatz von PowerPoint eignet. Beispielsweise ist die Präsentation von Diagrammen und Bildern mit PowerPoint besonders einfach und oft auch wirkungsvoll möglich.

Bevor Sie beginnen, die Folien zu erstellen, lohnen sich die folgenden Überlegungen:

- ❑ Eignet sich ein visuelles Hilfsmittel, um die Botschaft rüberzubringen?
- ❑ Sind Laptop und Beamer das am besten geeignete Hilfsmittel?
- ❑ Bei wenigen Folien: Lohnt sich der Aufbau von Laptop und Beamer?

---

[40] Die Aussagen in diesem Kapitel gelten auch für die Präsentations-Software Keynote.

- ❑ Gibt es neben PowerPoint andere Möglichkeiten, um die Botschaft zu visualisieren?
- ❑ Kann ich am Ort der Präsentation Laptop, Beamer und PowerPoint problemlos einsetzen?
- ❑ Sind die Folien gemäß den Foliengestaltungsrichtlinien (siehe Kapitel 13.3: Foliengestaltungsrichtlinien auf Seite 134) erstellt worden?

## 13.1 Laptop und Beamer

Ich stelle fest, dass es firmenintern fast keine Präsentationen gibt, welche ohne Laptop und Beamer auskommen. Was noch vor wenigen Jahren beim Publikum Begeisterungsstürme ausgelöst hat, ist normal, oft sogar langweilig geworden. Wenn Sie heute auffallen wollen, müssen Sie sich etwas Neues (bzw. Altes) einfallen lassen. Wie wäre es mal wieder mit einer frei gesprochenen Rede? Sie können hierfür beispielsweise Stichwortzettel einsetzen. Können Sie einen Teil Ihrer Präsentation mit dem Flip-Chart bestreiten?

Ich vermute, dass viele Redner deshalb nicht auf Laptop, Beamer und PowerPoint verzichten wollen, weil sie glauben, dadurch nicht so viel vorbereiten zu müssen. Sie glauben, sie können einfach von der Folie ablesen. Leider ist das ein großer Fehler. Es gibt keine langweiligeren Präsentationen als diejenigen, welche von der Folie abgelesen werden. Sie kommen auch unter dem Einsatz einer computergenerierten Präsentation nicht ums Üben herum. Im Gegenteil: Die Präsentation macht Ihnen im schlechtesten Fall Konkurrenz. Im besten Fall ist es eine gute Unterstützung. Laptop, Beamer und PowerPoint sollen aber nie ein Ersatz für Sie als Redner sein. Versuchen Sie, das richtige Maß zu finden.

Hier die wichtigsten Tipps für den Einsatz von Laptop und Beamer:

- Fremder Laptop: Überprüfen Sie Ihre Präsentation. Wird sie gleich wie auf Ihrem Computer angezeigt? Oft gibt es Verzerrungen. Beispielsweise kann der Text unerwartet aus einem Zeichnungsobjekt herausspringen.
- Verpacken für CD: Nehmen Sie zur Sicherheit die Präsentation mit „Verpacken für CD" (in älteren Versionen hieß die Funktion: Pack&Go) auf Ihrem USB-Stick mit. (Siehe Kapitel 13.2.3 Verpacken für CD auf Seite 132.)
- Aufstarten: Klären Sie ab, welches Gerät Sie zuerst einschalten müssen. Macht es einen Unterschied? Es gibt Laptops, welche auf dem Laptop kein Bild anzeigen, wenn Sie den Beamer bereits von Beginn an anschließen. Der Laptop hält den Beamer dann (zu Recht) für einen externen Bildschirm und zeigt Bilder ausschließlich über den Beamer an.
- Neues Betriebssystem: Testen Sie die Funktionalität von PowerPoint, wenn Sie auf einem Laptop mit einem anderen Betriebssystem arbeiten. Es kann vorkommen, dass auf dem Laptop nicht mehr das gleiche Bild wie auf der Leinwand angezeigt wird. Dafür hat man die Möglichkeit, auf dem Laptop beispielsweise die Foliensortieransicht zu sehen, während an der Leinwand die Präsentation läuft.
- Keystone: Der Beamer projiziert das Bild entweder von „unten herauf" oder von „der Decke herab" auf die Leinwand. Bei der Projektion entsteht dadurch eine Verzerrung des projizierten Bildes. Das Bild wird als Trapez dargestellt, es sieht aus wie der Schlussstein einer Brücke. Diesen Effekt nennt man „Keystone"-Effekt. Jeder Beamer hat ein Menu, welches erlaubt, diesen Effekt auszugleichen. Schauen Sie sich hierfür die Bedienungsanleitung frühzeitig an.

- ❑ Bedienungsanleitung: In der Bedienungsanleitung steht, wie der Beamer zu bedienen ist. Beispielsweise dürfen Sie bestimmte Modelle nicht vom Strom trennen, bevor die Glühbirne abgekühlt ist.
- ❑ Fernsteuerung: Testen Sie die Fernsteuerung, falls Sie sie einsetzen wollen. Ist die Reichweite ausreichend? Haben Sie Ersatzbatterien dabei? Wie blättere ich in der Präsentation vor und zurück?
- ❑ Lautsprecher: Die allermeisten Laptops und Beamer haben zwar eingebaute Lautsprecher, doch in den seltensten Fällen reichen diese aus, um das Publikum zu beschallen. Sorgen Sie bei Bedarf für externe Lautsprecher.

## *13.2 Umgang mit der Software*

Falls Sie sich mit den im Folgenden beschriebenen Funktionalitäten nicht auskennen, empfehle ich Ihnen wärmstens, einen Arbeitskollegen zu fragen oder einen Kurs zu besuchen. Das Wissen um diese Funktionen wird Ihnen (und Ihrer Sekretärin) Stunden an Arbeit ersparen.

### *13.2.1 Master*

PowerPoint hat eine Funktionalität, die sich Master nennt. Dank dieser Funktion können Sie auf einfache Weise das Aussehen aller Folien einheitlich gestalten, d.h. zum Beispiel gleiche Schriftgrößen, gleiche Farben, gleiche Fußzeile. Der Folienmaster sorgt dafür, dass Sie die Einstellungen zur Formatierung nicht auf jeder Folie einzeln vornehmen müssen. Der Master erlaubt, mit einem Befehl Änderungen in der ganzen Präsentation vorzunehmen, z.B. an der Hintergrundfarbe.

### *13.2.2 Gliederung*

Viele Personen erstellen ihre Präsentation in der so genannten Normalansicht. Diese Ansicht ist sehr nützlich. Allerdings gibt es weitere

Ansichten: Die Foliensortierungsansicht, die Bildschirmpräsentation, und (je nach Version) die Folienminiatur- und Gliederungsansicht.

Die Gliederungsansicht ist die schnellste Methode, um das (Text-) Grundgerüst einer Präsentation zu erstellen. Sie haben dank dieser Ansicht – teilweise ohne die Tastatur loszulassen – mehrere Möglichkeiten:

- ❑ Einfügen einer neuen Folie
- ❑ Einfügen von neuen Aufzählungspunkten
- ❑ Einfügen eines automatisch generierten Inhaltsverzeichnisses
- ❑ Überblick über die Themen in der Präsentation gewinnen
- ❑ Einfaches Aufteilen einer Folie mit zu vielen Aufzählungspunkten auf zwei Folien

### *13.2.3 Verpacken für CD*

Es gibt Laptops (z.B. in Seminarhotels), welche keine Microsoft Office-Software installiert haben und in Folge dessen kein PowerPoint. Wundern Sie sich also nicht, wenn Sie auf einem fremden PC Ihre PowerPoint-Präsentation laufen lassen wollen und es geht nichts. Zu diesem Zweck gibt es in PowerPoint im Menü Datei die Funktionalität „Verpacken für CD“ (früher „Pack&Go“). Sie können Ihre PowerPoint-Präsentation inklusive einer Betrachtungssoftware (PowerPoint-Viewer) und verknüpfter Dateien abspeichern, auf Ihren USB-Stick laden und problemlos auf dem fremden Laptop abspielen.

### *13.2.4 Bildschirmpräsentation*

Dank der Ansicht Bildschirmpräsentation (Taste F5 bzw. Umsch+F5) können Sie prüfen, wie die Präsentation über den Beamer aussehen wird. Es gibt ein paar nützliche Befehle, welche Sie professioneller aussehen lassen. Es sind dies:

| | Tasten[41] (-kombination) | Bemerkung |
|---|---|---|
| 1. | B (wie „black") oder S (wie „schwarz")[42] | Der Bildschirm bzw. die Leinwand wird schwarz. Damit holen Sie die Aufmerksamkeit der Zuschauer wieder zu sich. |
| 2. | Strg-A (wie „appear") | Der Mauszeiger wird eingeblendet. |
| 3. | Strg-P (wie „pen") | Der Stift wird eingeblendet. Damit können Sie bestimmte Stellen der Folie markieren. |
| 4. | Strg-H (wie „hide") | Der Mauszeiger und der Stift werden ausgeblendet. |
| 5. | Strg-Pos1 | Sie springen auf die erste Seite der Präsentation. |
| 6. | Zahl + Eingabetaste | Sie springen direkt auf die von Ihnen eingegebene Seite, sofern diese Seite existiert. |
| 7. | Strg-Ende | Sie springen auf die letzte Seite der Präsentation. |

Abbildung 17: PowerPoint-Tastenkombinationen

Tipp: Die oben aufgeführten Tasten(-kombinationen) funktionieren nur im Präsentationsmodus von PowerPoint (F5 oder Umsch+F5).

---

[41] Je nach Land und Tastaturbeschriftung heissen die Tasten anders. Beispiel: Ctrl = Strg, Shift = Umsch, Home = Pos1, Enter = Eingabetaste.

[42] Auf einer Schweizer Tastatur drücken Sie die Taste B, auf einer deutschen Tastatur die Taste S.

## 13.3 Foliengestaltungsrichtlinien

Unternehmensberater, Finanzdienstleister und Wissenschaftler sehen sich oft gezwungen, eine sehr ausführliche Dokumentation für die Kunden zu erstellen. Sie erstellen diese oft mit PowerPoint. Diese Dokumentationen haben ihre Berechtigung als eben genau dieses: Dokumentationen. Aber nicht für die Verwendung vor Publikum. Sie sind nämlich, besonders wenn ich an meine Zeit als Unternehmensberater zurückdenke, immer überladen.

Erstellen Sie zwei Dateien.

1. Eine für die Dokumentation der Teilnehmer, die nicht an der Präsentation teilnehmen konnten. Diese Datei ist selbsterklärend und braucht niemanden, der sie präsentiert!
2. Eine für die Präsentation – für Ihren Auftritt. Diese Datei gibt nur die wichtigsten Stichwörter, Bilder und Diagramme wieder. Textfolien sollen in erster Linie Übersichtsfolien, ähnlich einem Inhaltsverzeichnis, sein. Sie persönlich liefern die Details und die passenden Anekdoten.

Nachfolgend meine Empfehlungen, wie Sie Ihre PowerPoint-Präsentation gestalten sollten.

### 13.3.1 KISS-Prinzip

Weniger ist mehr! Fassen Sie sich kurz. Erstellen Sie Ihre Folien nach dem KISS-Prinzip: "Keep It Short and Simple". Sehr frei übersetzt bedeutet KISS: Ihre Folien brauchen viel Luft, d.h. leeren Platz.

- ❑ Nur ein Gedanke pro Folie
- ❑ Maximal sieben Wörter pro Zeile (am besten: ein Wort)
- ❑ Maximal sieben Zeilen pro Folie

- ❑ Nur ein Gedanke pro Grafik
- ❑ Nur ein grafisches Element pro Folie
- ❑ Keine Zahlenfriedhöfe
- ❑ Pro Folie sollten Sie durchschnittlich zwei Minuten sprechen können.

Mit diesen Tipps vermeiden Sie überladene Folien.

### *13.3.2 Schrift und Fliesstext*

Ihre Folien müssen lesbar sein. Dies umfasst die folgenden Empfehlungen:

- ❑ Nehmen Sie Schriftgrößen, die 16 Punkt oder größer sind.
- ❑ Benutzen Sie eine „sans serif"-Schrift wie z.B. Arial. Diese ist auf der Folie leichter zu lesen. Serif-Schriften laufen ineinander und sind deshalb aus der Distanz schlechter lesbar.
- ❑ Achten Sie darauf, dass Sie nicht mehr als zwei Schriftarten einsetzen.
- ❑ Vergessen Sie Spielereien. Diese lenken ab.
- ❑ Nutzen Sie Groß- und Kleinschreibung. Beachten Sie aber, dass Sätze, welche ausschließlich in Großbuchstaben geschrieben sind, schwieriger zu lesen sind.
- ❑ Benutzen Sie auf jeder Folie die gleichen Aufzählungszeichen. Es bringt Unruhe in die Präsentation, wenn Sie auf der einen Folie Punkte, auf der nächsten Folie Pfeile und auf der übernächsten Folie eine Nummerierung haben.

🎬 Tipp: Drucken Sie Ihre Folien auf A4-Blätter aus und legen Sie die Blätter auf den Boden. Wenn sie die Blätter stehend problemlos lesen können, ist die Schriftgröße ausreichend groß.

Schreiben Sie nur Fliesstext (ganze Sätze), wenn Sie sich als Redner überflüssig machen wollen. (Diese Überlegung gehört allerdings in die Vorbereitung einer Rede und Präsentation. Es kann gut sein, dass Sie zum Schluss kommen, dass eine schriftliche Kommunikation besser ist als eine mündliche. In diesem Fall wären Sie aber nicht an dieser Stelle in diesem Buch.)

Tipp: Verbessern Sie sich von Präsentation zu Präsentation. Prüfen Sie die Lesbarkeit Ihrer Folien, dort wo Sie die Präsentation halten. Schalten Sie die Präsentation und den Beamer ein. Gehen Sie in die letzte Reihe und versuchen Sie, Ihre Folien zu lesen. Wenn die Schrift oder die Grafik zu klein waren, vergrößern Sie sie für ein nächstes Mal. Oder sorgen Sie dafür, dass die Folien an der Leinwand, falls möglich, größer angezeigt werden.

### *13.3.3 Hintergrund*

Ich habe gute Erfahrungen mit heller Schrift auf dunklem Grund gemacht. Beispiel: hellgrau auf dunkelblau. Diese Kombination ist an der Leinwand viel weniger anstrengend zu lesen. Im Unterschied dazu ist schwarze Schrift auf weißem Hintergrund für viele Zuschauer so, als ob sie ohne Sonnenbrille in die Sonne schauen müssten. Sobald der Blick woanders hinschweift, bleibt ein weißer Fleck „kleben".

Ein dunkler Hintergrund mit heller Schrift stellt beim Drucken kein Problem dar. Damit Sie kontrollieren können, wie die Folien auf einem schwarz-weißen Drucker herauskommen, können Sie in PowerPoint die Ansicht Graustufe wählen (Ansicht -> Farbe/Graustufe -> Graustufe). Sie werden feststellen, dass PowerPoint die Farben invertiert (umkehrt).

### *13.3.4 Vorlagen*

PowerPoint stellt eine Vielzahl von Vorlagen zur Verfügung. Falls Sie diese einsetzen wollen, achten Sie darauf, dass die Vorlage schlicht bleibt. Der Hintergrund und das Drumherum sollen nicht vom Inhalt der Folie ablenken. Weniger ist mehr. Das gilt genauso für den übermäßigen Einsatz des Firmenlogos. In den meisten Fällen sollte es reichen, das Firmenlogo auf der Titelseite zu haben. Auf allen folgenden Seiten ist das Logo ein Energiefresser, welcher die Zuschauer vom Inhalt ablenkt. Es ist, als ob Sie einen bellenden Hund an Ihrer Seite hätten, während Sie versuchen, Ihre Botschaft an die Zuschauer zu bringen.

### *13.3.5 Diagramme*

Ein falscher Diagrammtyp kann dazu führen, dass eine ungewollte Aussage gemacht wird. Dies ist am folgenden Beispiel eines Linien- und eines Balkendiagramms illustriert. Es geht um die Zahl der Landwirtschaftsbetriebe der Schweiz nach Kantonen.

Das folgende Liniendiagramm impliziert durch die verbundenen Punkte einen abnehmenden Trend oder eine Zeitreihe zwischen der Anzahl Betriebe der Kantone, welcher in dieser Datenreihe so nicht vorhanden ist.

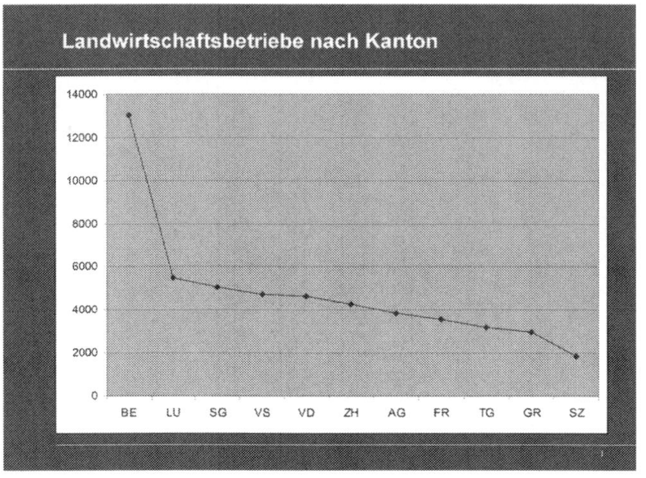


Abbildung 18: Linien- statt Balkendiagramm

Das folgende Balkendiagramm erlaubt es dem Zuschauer, ohne Verwirrung die Kantons-Totalen miteinander zu vergleichen. So zum Beispiel, dass der Kanton Bern mehr als doppelt so viele Landwirtschaftsbetriebe wie der nächstgrößere Kanton Luzern hat.

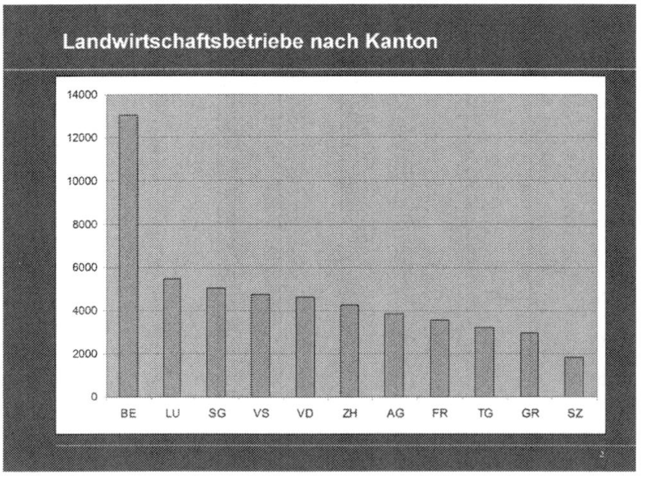


Abbildung 19: Balken- statt Liniendiagramm

Sie können gezielt Farben einsetzen, um bestimmte Aspekte hervorzuheben. (Im farbigen Original ist der Balken für den Kanton VD rot eingefärbt, alle anderen sind blau. Das Original können Sie auf www.descubris.ch herunterladen.) Dank unterschiedlichen Farben kann Ihnen das Publikum einfacher folgen.

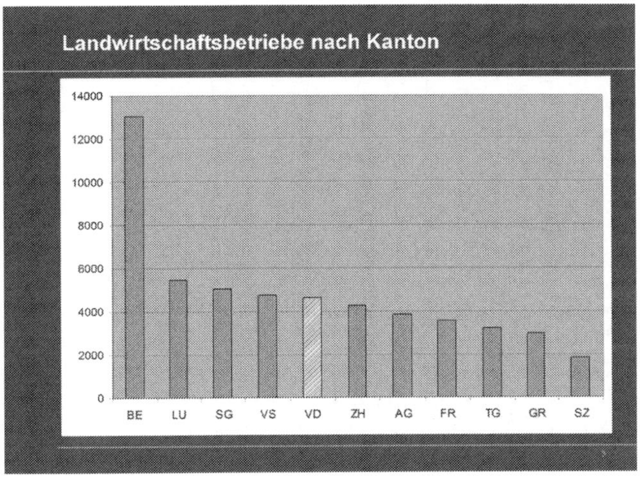


Abbildung 20: Balkendiagramm mit andersfarbigem Balken

Sie können ein Balkendiagramm zusätzlich in der Aussage verstärken, indem Sie die Balken mit einer Grafik füllen.

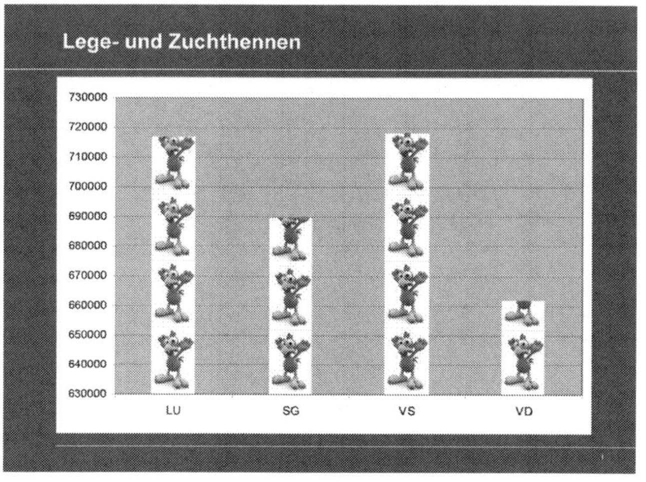


Abbildung 21: Balkendiagramm mit Grafik in den Balken

### *13.3.6 Tabellen und Organigramme*

Tabellen sind oft Zahlenfriedhöfe. Der Betrachter hat enorme Schwierigkeiten zu wissen, welche Zahl gerade besprochen wird. Versuchen Sie, wenn möglich, eine andere Darstellungsweise zu wählen.

Organigramme sind ebenfalls mit Vorsicht anzuwenden. Versuchen Sie, erst einen groben Überblick zu geben, um dann auf weiteren Folien die Details zu zeigen. Erinnerung: Text, welcher kleiner als 16 Punkt geschrieben ist, kann von den Zuschauern kaum gelesen werden.

### *13.3.7 Corporate Identity / Design (CI/CD)*

Setzen Sie die Funktionalität des Masters ein, damit Ihre Folien der Firmenidentität und dem Firmendesign entsprechen. (Siehe Kapitel 13.2.1 Master auf Seite 131.)

### *13.3.8 Animationen*

Benutzen Sie Animationen für die folgenden drei Situationen:

1. Sie zeigen den Ablauf/Aufbau eines Modells und setzen die Animation aus didaktischen Gründen ein.
2. Sie wollen bei einer Aufzählung nicht sofort alles zeigen, sondern Punkt für Punkt.
3. Sie wollen einen Überraschungseffekt erzielen.

🎬 Tipp: Bei Animationen gilt: Weniger ist mehr.

Überlegen Sie sich, ob Sie während der Animation besser schweigen. So kommt die Folie erst richtig zum Tragen.

## *13.4 Übung: KISS-Prinzip anwenden*

Prüfen Sie Ihre nächste PowerPoint-Präsentation nach dem KISS-Prinzip.
Diese Übung dauert nur fünf bis zehn Minuten. Nehmen Sie sich diese Zeit. Es lohnt sich!

1. Öffnen Sie Ihre bevorstehende PowerPoint-Präsentation.
2. Prüfen und überarbeiten Sie, falls nötig, jede Folie gemäß dem KISS-Prinzip auf Seite 134.
3. Wiederholen Sie Schritt 2 für jede Präsentation, die Sie in den nächsten zwölf Monaten halten. Nach ein paar Wiederholungen brauchen Sie die Checkliste nicht mehr!

# 14 Der Skipwith-Radar

2006. Ich trete an der Rhetorik-Europameisterschaft in Köln an. Ich habe mich monatelang vorbereitet. Musste mich erst an der Klubmeisterschaft, dann an der Schweizermeisterschaft durchsetzen. Jetzt habe ich die Chance, nach dem Europameisterschaftstitel zu greifen. Titel meiner Rede: „Das einzig Beständige ist der Wandel."[43] Ziel: Erster Platz. Resultat: Zweiter Platz: Vize-Europameister.

Ich war zufrieden, doch wollte ich noch besser werden. Schließlich wollte ich auf die Umschlagsseite dieses Buches nicht nur Vize-Europameister, sondern Europameister schreiben können.

2007. Rhetorik-Europameisterschaft in Göteborg, Schweden. „Erster Platz der vorbereiteten Rede: Thomas Skipwith!" Es hat geklappt. Ich habe mein Ziel erreicht.

Ein wesentlicher Faktor für meinen Erfolg war, dass ich viele Redner und Präsentationen studiert habe. Ich habe versucht, zu erkennen, was einen guten und einen weniger guten Redner ausmacht. Ich wollte einen systematischen Ansatz finden. Vor allem sollte der Ansatz so sein, dass Redner vergleichbarer werden. Nach langer Überlegung ist der Skipwith-Radar entstanden.

Der Skipwith-Radar schaut auf die wichtigsten Eigenschaften einer guten Rede bzw. Präsentation. Jede Führungskraft, welche diese Elemente berücksichtigt, wird um mindestens eine Stufe besser als vorher präsentieren.

---

[43] Die Europameisterschafts-Reden können Sie sich auf www.descubris.ch anschauen.

## 14.1 Elemente

Die folgenden Elemente werden im Skipwith-Radar berücksichtigt:

- Aufbau
  - Titel
  - Packender Anfang
  - Geschichten
  - These
  - Hauptbotschaft
  - Argumentation / Hauptteil
  - Abschluss
  - Handlungsaufforderung
- Publikumsgerechtigkeit
  - Sprache
  - Inhalt
- Vorbereitung
  - Insgesamt
  - Vorher geübt
- Gestaltung visueller Hilfsmittel
- Handhabung der Technik / Hilfsmittel
- Sprechtechnik
  - Füllwörter
  - Grammatik
  - Stimmvariation (Lautstärke, Stimmlage, Geschwindigkeit, Stimmqualität, Artikulation, Pausen)
  - Redefiguren
- Körpersprache
  - Blickkontakt
  - Gestik
  - Mimik

  - Bewegung im Raum
  - Umgang mit dem Rednerpult
- ❑ Publikum mit einbeziehen
- ❑ Energie
  - Emotionen
  - Authentizität (Überzeugung, Glaubwürdigkeit)

Alle aufgeführten Elemente werden in diesem Buch besprochen.

## *14.2 Anwendung*

Mindestens jede Hauptkategorie wird mit einer Zahl von 0 - 10 bewertet. Null bedeutet „nicht vorhanden“ oder „schlecht ausgeführt“, 10 bedeutet „vom Feinsten“.

Bei Bedarf werden die Unterpunkte einer Hauptkategorie bewertet. Das arithmetische Mittel, nach oben gerundet, ergibt die Zahl für die Hauptkategorie.

Aus den Hauptkategorien wird wiederum das arithmetische Mittel[44] gebildet. Diese Rechnung ergibt das Schlussresultat. Die Skala geht von null (zu Hause bleiben) bis zehn (Weltmeister).

Selbst wenn in bestimmten Kategorien eine Null steht, kann ein Referat ein Erfolg sein. Entscheidend ist zu erkennen, auf welche Aspekte sich die Präsentation abstützt. Der Skipwith-Radar beantwortet die beiden Fragen:

1. Was sollte der Redner wieder tun?
2. Was sollte der Redner beim nächsten Mal anders machen?

---

[44] Anstelle des arithmetischen Mittels wäre eine zusätzliche Gewichtung der einzelnen Elemente möglich. Dies bringt uns aber meines Erachtens dem Ziel, bessere Reden zu halten, nicht näher.

## 14.3 *Zahlen-Beispiel*

Machen wir ein konkretes Beispiel. Allerdings habe ich aus Datenschutzgründen ein paar Angaben weggelassen und geändert.

### *14.3.1 Angaben zur Präsentation*

| Rahmen | |
|---|---|
| Datum, Ort, Lokalität | 20xx, Zürich, Hotelsaal |
| Veranstalter | Junge Wirtschaftskammer Zürich JWZ |
| Zahl der Zuschauer | 83 |
| Dauer in Minuten | 50 |
| Referent | Beispiel-Redner 1 |
| Titel | Unsere Armee |

Abbildung 22: Angaben zu Beispiel-Redner 1

### *14.3.2 Bewertung der Präsentation*

Die folgende Tabelle zeigt, wie ich die Präsentation bewertet habe.

| Element | Bewertung |
|---|---|
| **Aufbau** | **4** |
| ❑ Titel | 4 |
| ❑ Packender Anfang | 2 |
| ❑ Geschichten | 8 |
| ❑ These / Hauptbotschaft | 2 |
| ❑ Argumentation / Hauptteil | 8 |
| ❑ Abschluss | 2 |
| ❑ Handlungsaufforderung | 0 |

| Element | | Bewertung |
|---|---|---|
| **Publikumsgerechtigkeit** | | **8** |
| ❑ Sprache | 8 | |
| ❑ Inhalt | 8 | |
| **Vorbereitung** | | **3** |
| ❑ Insgesamt | 3 | |
| ❑ Vorher geübt | 3 | |
| **Gestaltung visueller Hilfsmittel** | | **3** |
| **Handhabung der Technik / Hilfsmittel** | | **1** |
| **Sprechtechnik** | | **3** |
| ❑ Stimme | 3 | |
| ❑ Füllwörter | 0 | |
| ❑ Grammatik | 5 | |
| ❑ Stimmvariation | 5 | |
| ❑ Redefiguren | 2 | |
| **Körpersprache** | | **3** |
| ❑ Blickkontakt | 3 | |
| ❑ Gestik | 3 | |
| ❑ Mimik | 2 | |
| ❑ Bewegung im Raum | 2 | |
| ❑ Umgang mit dem Rednerpult | 3 | |
| **Publikum mit einbeziehen** | | **0** |
| **Energie** | | **8** |
| ❑ Emotionen | 6 | |
| ❑ Authentizität | 10 | |
| **Gesamtresultat** | | **4** |

Abbildung 23: Bewertung Beispiel-Redner 1

## *14.4 Grafik-Beispiele*

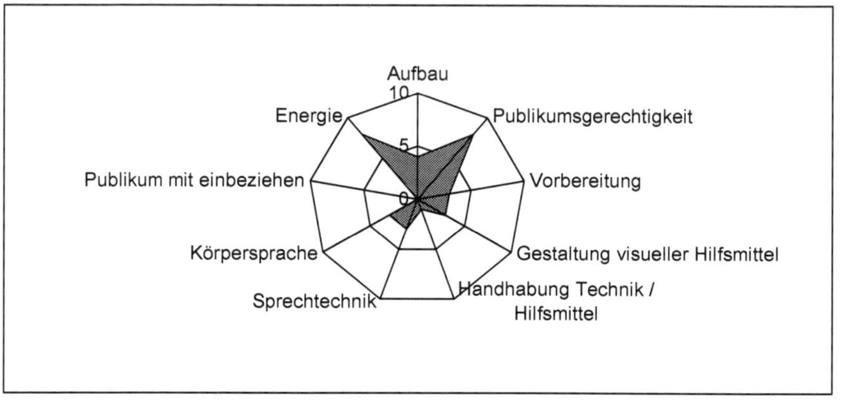


Abbildung 24: Skipwith-Radar: Beispiel-Redner 1

Anhand der Grafik ist auf einen Blick erkennbar, welches die Stärken und die Verbesserungspotenziale an diesem betreffenden Referat waren. Beispielsweise war dieser Referent voll von seinem Standpunkt überzeugt und damit authentisch, was bei mir entsprechend ankam. Er hatte tolle Energieschübe, welche für erneute Aufmerksamkeitsschübe beim Publikum sorgten. Der Umgang mit Beamer, PowerPoint und Hellraumprojektor war hingegen ungenügend, das Publikum wurde während 50 Minuten nie einbezogen und ich habe 296 „ähs" (!) gezählt.

Ein anderes Referat sah in vielen Punkten ganz anders aus:

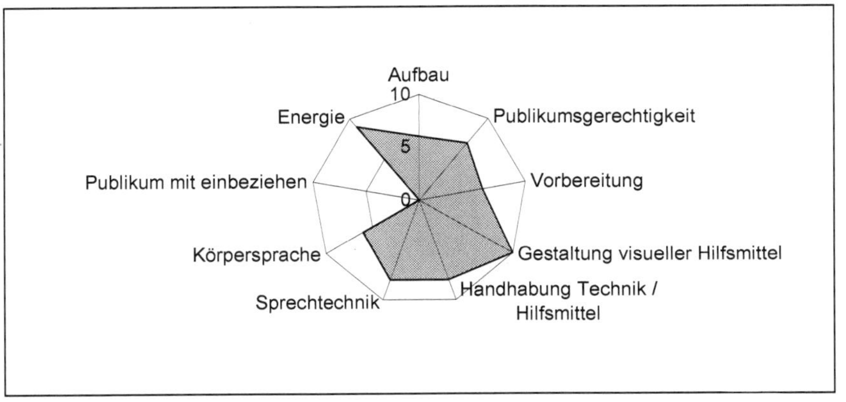


Abbildung 25: Skipwith-Radar: Beispiel-Redner 2

Auf der Website www.descubris.ch finden Sie ein Arbeitsblatt, welches Ihnen hilft, Ihre eigene und auch die Präsentationen von anderen Referenten anhand des Skipwith-Radars zu analysieren.

# 15 Konstruktives Feedback

Je öfter Sie üben, vor Publikum zu reden, desto besser werden Sie. Es ist genau gleich wie beim Fußball- oder Klavierspielen. Sie sollten dafür sorgen, dass Ihnen ein Trainer, Lehrer, Coach oder schlicht ein Zuschauer Feedback zu Ihren Stärken und Schwächen gibt.

Diese Art von Feedback hat nichts mit Kritik zu tun. Kritik beschränkt sich auf eine meist negative Beurteilung und unterscheidet oft nur zwischen „gut" und „schlecht". Konstruktives Feedback hingegen lebt davon, Stärken hervorzuheben und Verbesserungspotenzial aufzuzeigen. In dieser Form ist ein Feedback sehr wertvoll. Sie sollten sich deshalb nicht scheuen, ein konstruktives Feedback zu verlangen (und zu geben). Es handelt sich nämlich um eine Gelegenheit, etwas Neues über sich selbst zu lernen und davon profitieren zu können. Es erlaubt Ihnen, zu wissen, wie Sie von anderen wahrgenommen werden. Für den Fall, dass Ihnen mehrmals der gleiche Verbesserungsvorschlag für Ihre Reden gemacht wird, sollten Sie versuchen, an diesem Schwachpunkt zu arbeiten.

Wenn Sie an der Reihe sind, ein konstruktives Feedback zu geben, können Sie den Referenten fragen, worauf Sie achten sollen. Sie sollten sich voll mit Augen und Ohren auf die Rede konzentrieren. Machen Sie sich schriftliche Notizen, damit Sie wichtige Hinweise für den Redner nicht vergessen.

Beginnen Sie Ihr konstruktives Feedback mit drei Stärken des Redners; Stärken, welche der Redner auch in den zukünftigen Reden einsetzen sollte. Fahren Sie fort mit drei Punkten, welche der Redner aus Ihrer Sicht verbessern sollte. Sofern die Zeit zur Verfügung steht, machen Sie ein paar Vorschläge, wie der Redner seine Rede besser hätte gestalten können. Nennen Sie nicht mehr als drei positive Punkte und drei Verbesserungsmöglichkeiten. Mehr Punkte kann der Redner üblicherweise nicht aufnehmen.

Ein konstruktives Feedback enthält also die folgenden Punkte:

1. Einleitung
2. Drei Stärken
3. Drei Verbesserungsmöglichkeiten
4. Verbesserungsvorschläge
5. Schlussfolgerung / Zusammenfassung

Jedes konstruktive Feedback ist die Meinung desjenigen, der es gegeben hat. Es ist selbstverständlich eine subjektive Angelegenheit. Selbst wenn Sie den Kommentar nicht mögen – er spiegelt wieder, wie die Rede beim Feedback-Geber angekommen ist. Scheuen Sie sich deshalb nicht, ein konstruktives Feedback zu geben oder zu akzeptieren. Beide, Sie und der Redner, sind daran interessiert, die Präsentationsfertigkeiten zu verbessern und sollten deshalb jedes Feedback willkommen heißen.

Auf www.descubris.ch finden Sie ein Arbeitsblatt, welches Sie für Ihre nächste Rede einsetzen können. Geben Sie es jemandem und bitten Sie ihn, Ihnen Feedback zu geben. Er soll drei positive Punkte und drei Verbesserungsmöglichkeiten auf das Arbeitsblatt schreiben.

## *15.1 Übung: Feedback erhalten*

Wie oben beschrieben, können Sie dafür sorgen, dass Sie konkretes Feedback erhalten.

1. Überprüfen Sie Ihre Agenda, um zu sehen, wann Ihre nächste Präsentation ansteht.
2. Überlegen Sie sich, wer an der Präsentation teilnehmen wird.

3. Nehmen Sie das Telefon zur Hand und rufen Sie einen der Teilnehmer an. Bitten Sie ihn, Ihr Feedbackgeber zu sein.
4. Laden Sie sich das Feedback-Blatt für den Feedbackgeber auf www.descubris.ch herunter.
5. Am Tag Ihrer Präsentation bitten Sie den Feedbackgeber, das Feedback-Blatt auszufüllen.
6. Nach der Präsentation studieren Sie das Feedback: Wiederholen Sie positive Aspekte, arbeiten Sie an Ihrem Verbesserungspotenzial.
7. Viel Erfolg!
8. Wiederholen Sie dieses Vorgehen, so oft Sie wollen.

## *15.2 Übung: Feedback geben*

Gutes Feedback geben ist mindestens so wichtig wie gutes Feedback erhalten. Deshalb hier eine Übung dazu.

1. Versuchen Sie, sich an die letzte Rede zu erinnern, welche Sie gehört haben.
2. Welche drei Aspekte waren gut und sollte der Redner beim nächsten Mal wiederholen?
3. Welche drei Aspekte hätte der Redner gemäß Ihrer Meinung anders machen können / sollen?
4. Fassen Sie die von Ihnen genannten Aspekte zusammen und ziehen Sie eine Schlussfolgerung.
5. Viel Erfolg!
6. Wiederholen Sie diese Übung bei beliebigen Gelegenheiten, so oft Sie wollen.

# 16 Checkliste für die Vorbereitung

Die Punkte auf dieser Checkliste sind ein Denkanstoß für eine gute Vorbereitung. Oft wird es nicht nötig oder nicht möglich sein, alle Punkte abzuklären. (Diese Checkliste können Sie auf www.descubris.ch als Datei herunterladen.)

## *16.1 Inhalt*

| Checkpunkt | Notizen |
|---|---|
| Thema | |
| These / Behauptung | |
| Schlusssatz / Aufforderung | |
| Zeit | |

## *16.2 Informationen einholen*

| Checkpunkt | Notizen |
|---|---|
| Fragebogen, schriftlich | |
| Telefoninterview-Leitfaden | |
| Telefoninterview mit Kontaktperson | |

| Checkpunkt | Notizen |
|---|---|
| Telefoninterview mit eingeladenen Gästen | |
| Small Talk beim Kaffee | |

## 16.3 Unterlagen

| Checkpunkt | Notizen |
|---|---|
| Einladung zur Präsentation | |
| Hand-outs (ja/nein) | |
| Hand-outs (Sprache) | |
| Notizen (Handzettel) | |
| PowerPoint-Präsentation (ja/nein) | |
| Gesprochene Sprache während der Präsentation | |
| Requisiten / Anschauungsmaterial | |
| Namensschild(er) | |

## 16.4 *Publikumsanalyse: Fakten*

| Checkpunkt | Notizen |
|---|---|
| Anzahl Teilnehmer | |
| Anteil Männer / Frauen | |
| Altersstruktur | |
| Religion | |
| Politische Haltung | |
| Nationalität | |
| Herkunft | |
| Soziale Schicht | |
| Tabuthemen | |
| Bildungsniveau | |
| Ausbildung | |
| Berufskategorie | |
| Position | |
| Erfahrung | |
| Organisation, Verein, Firma, Klub, politische Partei | |
| Firmenslang und Abkürzungen | |

## 16.5 Eingehen aufs Publikum

| Checkpunkt | Notizen |
|---|---|
| Einstellung der Zuhörer<br>Erwartungen<br>Meinungen<br>Motive<br>Ansichten<br>Vorurteile | |
| Was interessiert die Zuhörer? | |
| Was interessiert sie nicht? | |
| Was ist ihnen wichtig? | |
| Was ist ihnen gleichgültig? | |
| Welche Vorkenntnisse haben die Zuhörer? | |
| Was wollen sie hören? | |
| Welche Fragen werden sie während dem F&A[45]-Teil stellen? | |
| Was haben die Zuschauer davon?[46] | |

[45] Fragen und Antworten

[46] Der Zuschauer stellt sich die (egoistische) Frage: „Was habe ich davon?“ Auf Englisch bekannt als WIFM: „What's in it for me?“

## *16.6 Räumlichkeiten*

| Checkpunkt | Notizen |
|---|---|
| Größe des Raums | |
| Sauberkeit / Ordnung | |
| Dekoration | |
| Raumreservation | |
| Reservation der technischen Infrastruktur | |
| Sitzordnung / Anordnung der Tische und Stühle | |
| Lichtquellen | |
| Lärmquellen | |
| Akustik | |
| Temperatur (Funktionsweise der Klimaanlage) | |
| Zugang zum Ort der Veranstaltung (Wegweiser) | |
| Teilnehmer informieren | |
| Empfang / Rezeption informieren | |
| Parkplätze | |

| Checkpunkt | Notizen |
|---|---|
| Öffentlicher Verkehr | |
| Pausen-, Mittagsverpflegung | |
| Ort für Verpflegung und Getränke | |
| Waschraum | |
| Mögliche Ablenkungen, wie Bilder, Poster, Aussicht | |
| Stromversorgung: Steckdosen | |
| Technische Einrichtungen: Hellraumprojektor, Flip-Chart usw. | |
| Ersatzlampen für Beamer und Hellraumprojektor | |
| Ansprechperson für die technische Infrastruktur (Telefon und Erreichbarkeit) | |

## 16.7 Kurz vor dem Auftritt

| Checkpunkt | Notizen |
|---|---|
| Frühzeitig vor Ort sein | |
| Mobiltelefon ausschalten | |
| Unterlagen prüfen | |
| Kleidung prüfen | |
| Atemtechniken einsetzen | |
| Infrastruktur prüfen (Bühne, Technik, Medien) | |

# 17 Checkliste Redeeinstieg

An dieser Stelle finden Sie weitere Redeeinstiege. Lassen Sie Ihren Gedanken einfach freien Lauf. Die unscheinbarste Idee mag Sie auf einen zündenden Gedanken bringen. (Siehe auch Kapitel 5.7 Ideen für den Redeeinstieg auf Seite 56.)

- ❑ Ein Dankeschön an den Veranstalter:
  „Ich danke Ihnen, dass Sie seit zehn Jahren unser treuer Kunde sind.“
- ❑ Eine Bezugnahme zur Veranstaltung: „Das Weltwirtschaftsforum hier in Davos ist meines Erachtens eine ideale Gelegenheit …“
- ❑ Ein Kompliment: „Das war wohl die genialste Idee seit der Entdeckung des Eis des Columbus.“
- ❑ Gemeinsamkeiten mit dem Ort der Veranstaltung: „Auch Franz Josef Strauss hat in diesem Saal, an dieser Stelle, an diesem Rednerpult referiert.“
- ❑ Eine Bemerkung über sich selbst: „Wenn ich gewusst hätte, dass ich einmal an dieser Stelle stehen würde, und hier vor einem Publikum von 500 Personen reden würde – ich glaube, ich hätte nicht den Mut gehabt, das Projekt in Angriff zu nehmen.“
- ❑ Ein Bezug zum Moderator: „Wussten Sie, dass wir [der Moderator und ich] gemeinsam die Schulbank gedrückt haben?“
- ❑ Eine Frage ans Publikum: „Bitte zeigen Sie per Handzeichen: Wer ist dafür, dass wir die Steuern senken?“
- ❑ Eine Definition: „Erfolg ist gleich die Zugkraft des Ziels (Motivation) dividiert durch die Summe der (vorgestellten) Hindernisse.“[47]

---

[47] Definition nach Dirk Jakob, 2007.

- ❑ Ein Musikstück abspielen: We are the champions (Queen)
- ❑ Einen Film abspielen: Videomitschnitt von der erfolgreichen Produktelancierung
- ❑ Ein Bild zeigen: Matterhorn
- ❑ Eine typische Bewegung: „Sie kennen den Ausspruch: ‚Welches Schweinchen hätten's denn gern?' Das war Robert Lembke in ‚Was bin ich'. Lassen Sie mich nun eine typische Handbewegung machen."
- ❑ Eine Grimasse: Ein angestrengtes Grinsen
- ❑ Eine Statistik: Bevölkerungsexplosion in China nach der Abschaffung der Einkindpolitik
- ❑ Eine Tatsache: „Wir haben im letzten Jahr den Umsatz um 23 Prozent gesteigert."
- ❑ Eine Checkliste: „Wie werden wir noch erfolgreicher? Erstens, zweitens, drittens …"
- ❑ Ein Witz (Humor): Es sollte niemand beleidigt werden. Am ungefährlichsten ist es, wenn Sie sich über sich selbst lustig machen.

Ideen rund um die Sache:

- ❑ Ursache, Beweggründe: „Als ich sah, wie das Auto in Flammen aufging, wurde ich stinksauer."
- ❑ Ort der Veranstaltung und Stadt: kleine Recherche aus dem Internet, Fremdenverkehrsamt, Amt für Tourismus
- ❑ Zeit, Datum: „Vor genau 262 Jahren an diesem Tag wurde …"
- ❑ Aktuelle Lage: „Die aktuelle Lage zeigt leider einen negativen Trend."
- ❑ Möglichkeit: „Wie war es möglich, dass …"
- ❑ Definition: „Was ist oder war es eigentlich? Mord? Totschlag?"
- ❑ Vergleich: mit ähnlichen Taten oder Ereignissen
- ❑ Unterstellung: „Gesetzt den Fall, dass …"

Ideen rund um die Person:

- ❑ Geschlecht: „Wenn ich eine Frau wäre …“
- ❑ Alter: „Wenn Sie hören, dass Sie Sätze von sich geben, welche Sie als Kind und Jugendlicher nicht ausstehen konnten, dann wissen Sie, Sie sind älter geworden.“
- ❑ Datum des Geburtstags: „Heute soll Willhelm Tell geboren worden sein.“
- ❑ Familie, Abstammung: „Seit drei Generationen betreiben wir nun dieses Geschäft.“
- ❑ Lokale, regionale, nationale Herkunft: „Unsere Verwurzelung mit dem Land macht es aus, dass …“
- ❑ Schicksal: „Es war wohl Schicksal, dass sich die beiden getroffen haben.“
- ❑ Wesensart, Charakter: „Seine offene, konstruktive Art mit den Leuten zu diskutieren hat mir besonders gut gefallen.“
- ❑ Bildungsweg, Ausbildung: „Die Uni hat ihm viel mitgegeben.“
- ❑ Soziale Stellung, Beruf, Amt, Funktion: Direktor, Verwaltungsratspräsident, Professor, Architekt, Arzt, Manager, Vorarbeiter, Auszubildender, …
- ❑ Neigungen, Vorlieben, Hobbys: „Sandstrand. Salzluft. Sonnenschein. Jedes Wochenende konnte man ihn am Nordseestrand finden.“
- ❑ Aussehen, Erscheinung, Auftreten: „Sein Markenzeichen ist die Fliege.“
- ❑ Name, Spitzname, Kosename
- ❑ Gemeinsame Erlebnisse: „Ich erinnere mich gut an die gemeinsame Zeit in Paris.“

# 18 Internetadressen

## *18.1 Deutschsprachige Ressourcen*

www.descubris.com

www.dradio.de/dkultur/sendungen/kalenderblatt

www.leo.org

www.google.ch, www.google.de

www.kalenderblatt.de

www.myswitzerland.com

www.nzz.ch

www.redenberater.de

www.slogans.de

www.tages-anzeiger.ch

www.toastmasters.ch

www.weltchronik.de

www.wikipedia.de

www.zitate.de

## *18.2 Englischsprachige Ressourcen*

www.descubris.com

www.leo.org

www.presentationzen.com/presentationzen/

www.quotes.com

www.scopesys.com/anyday

www.toastmasters.org, www.toastmasters.ch

Der Suchbegriff „public speaking“ wird Ihnen zahlreiche weitere nützliche Informationen liefern.

## 18.3 Videos

www.ted.com
www.youtube.com
www.truveo.com

## 18.4 Bilder

Bei der Bildersuche empfiehlt sich die Suche nicht nur mit deutschen, sondern auch mit englischen Schlagwörtern.
www.corbis.de
www.fotolia.de
www.gettyimages.com, www.gettyimages.de
www.google.ch
www.istockphoto.com
www.medicalpicture.com
www.photocase.de
www.photos.com
www.pixelio.de
www.snapvillage.com
www.sxc.hu
www.visipix.de
www.zefa.de

Die Suche auf der Website von Einzelanbietern kann aufwendig sein. Deshalb gibt es für die Bildersuche die folgenden Metasuchmaschinen:
www.fotomarktplatz.de
www.fontshop.de
www.photosearch.de

## Abbildungsverzeichnis

# Literaturverzeichnis


ARTHUR ANDERSEN & CO, SC:

Effective Presentations, participant handbook. Geneva: Arthur Andersen & Co, SC, 1995.

BIRKENBIHL, V.:

Das 30-Tage-Trainings-Programm, Kommunikation und Rhetorik. München: Ariston, 2003, 2. Auflage.

EIDG. LANDWIRTSCHAFTLICHE BETRIEBSZÄHLUNGEN:

Landw. Betriebsstrukturerhebungen. Repräsentative landwirtschaftliche Betriebsstrukturerhebung: Bern, 2004.

EVANS, P. B.:

Speaking Success Letter, www.instantspeakingsuccess.com, 2006.

FORSYTH, P.:

The Management Speaker's Handbook. Oxford: howtobooks, 2002.

GERMAN, K.; GRONBECK, B.; EHNINGER, D.; MONROE, A.:

Principles of public speaking. Boston: Pearson, 2004, 15. Auflage.

HOFF, R.:

„I can see you naked". Kansas City: Andrews and McMeel, 1992.

HOLZHEU, H.:

Die Orientierung, Natürliche Rhetorik für Führungskräfte. Bern: Schweizerische Volksbank, 1994.

KROEHNERT, G.:

Basic presentation skills. Sydney: McGraw-Hill, 1998.

PEARLMAN, A. M.:

Writing great speeches. Needham Heights, MA, USA: Allyn and Bacon, 1998.

PÖHM, M.:

Vergessen Sie alles über Rhetorik. Landsberg - München: mvg, 2002, 2. Auflage.

PÖHM, M.:

Präsentieren Sie noch oder faszinieren Sie schon? Heidelberg: mvg Verlag, 2006.

REDENBERATER, DER NEUE:

Perfekte Beratung für Ihre Rede-Auftritte. Bonn: Verlag für die deutsche Wirtschaft, 2004.

ROGERS, N.:

Frei Reden ohne Angst und Lampenfieber. Berlin: Ullstein, 1996.

SKAMBRAKS, J.:

30 Minuten für den überzeugenden Elevator Pitch. Offenbach: Gabal, 2004.

SPRAGUE, J.; STUART, D.:

The Speaker's Handbook. Belmont, CA, USA: Thomson Wadsworth, 2005.

THOMPSON, W.D.:

Speaking for profit and pleasure. Needham Heights, MA, USA: Allyn and Bacon, 1998.

TOASTMASTERS INTERNATIONAL:

Impromptu speaking. Mission Viejo, CA, USA: Toastmasters International, 1994.

TOOGOOD, G. N.:

The articulate executive: Learn to look, act, and sound like a leader. McGraw-Hill Audio, 2003.

# Stichwortverzeichnis

## Kontakt

Die in diesem Buch besprochenen Techniken und Tipps sind alle sehr wertvoll und nützlich. Allerdings ist es mit Lesen allein nicht getan. Wie öfters im Buch erwähnt, bin ich ein Verfechter von: „Übung macht den Meister." Damit Sie aktiv üben können, führen wir regelmäßig Gruppentrainings durch. Auf der Website www.descubris.ch finden Sie immer die aktuellen Orte und Daten.

Selbstverständlich kommen wir auch zu Ihnen in die Firma für firmeninterne Gruppentrainings und für Einzel-Coachings.

DESCUBRIS GmbH
Bachmattstrasse 10
CH-8966 Oberwil-Lieli
Schweiz

E-Mail: rhetorik@descubris.ch
www.descubris.ch

Bemerkungen, Beispiele, Erfahrungen und Kritik sind willkommen.

Melden Sie sich auf www.descubris.ch für unseren kostenlosen Trainingletter an, welcher alle paar Monate mit Übungen, Tipps und Empfehlungen zu Ihnen ins elektronische Postfach kommt.

13216954R00102

Printed in Germany
by Amazon Distribution
GmbH, Leipzig